영화 속 AI 분석

AI문고

인공지능 시대입니다. 기계가 인간의 인지를 대신하고, 사물이 인간을 통하지 않고 다른 사물과 직접 커뮤니케이션합니다. 이에 따른 인간 삶과 문명 변화를 정확히 이해·예측·대응하는 것은 이 시대 우리 모두의 과제입니다. AI문고는 인공지능 기술과 환경의 여러 주제를 10가지 키워드로 정리합니다. 관련 개념과 이론, 학계와 산업계의 쟁점, 우리 일상의 변화를 다룹니다. 인간과 기술의 현재, 미래를 세심히 분석합니다.

일러두기

- 인명, 작품명, 저서명, 개념어 등은 한글과 함께 괄호 안에 해당 국가의 원어를 병기했습니다.
- 외래어 표기는 현행 어문규정의 외래어표기법을 따랐습니다.

처음이세요?

전문가세요?

영화 속 AI 분석

서의석

대한민국, 서울, 커뮤니케이션북스, 2025

영화 속 AI 분석

지은이 서의석
펴낸이 박영률

초판 1쇄 펴낸날 2025년 3월 7일

커뮤니케이션북스(주)
출판 등록 2007년 8월 17일 제313-2007-000166호
02880 서울시 성북구 성북로 5-11
전화(02) 7474 001, 팩스(02) 736 5047
commbooks@commbooks.com
www.commbooks.com

ISBN 979-11-7307-594-0 03500

책값은 뒤표지에 표시되어 있습니다.

차례

영화에 등장한 AI

인공지능 시대의 개막

스스로 학습하고 생각하는 기계, 더 나아가 초지성을 갖춘 인공지능(artificial intelligence)이 출현하는 순간 인공지능이 인류를 초월한 존재가 될 것이란 이야기는 인류의 가장 기발한 상상이자 인간 존재에 관한 깊은 성찰을 이끄는 주제라 할 수 있다. 그러나 4차 산업혁명이 시작된 지금, 상상으로만 여겼던 일이 현실로 다가오고 있다. 생명 진화의 긴 역사 속에서 인류의 출현이 극적인 변화를 일으켰다면, 4차 산업혁명이 시작된 지금 인류의 출현만큼이나 강력한 변화를 예고하는 것이 인공지능의 출현이다. 나아가 인공지능은 인류의 존재적 가치를 위협하는 존재로 다가오고 있다. 이제는 인공지능을 알고 그것을 활용하는 것이 점차 삶의 필수 방식이 되어가고 있으며, 이를 적극적으로 활용할 수 있는 세대와 그렇지 못한 세대로 구분 지어질 만큼 인공지능 기술은 사회 전 분야에 걸쳐 그 영향력을 행사하고 있다.

이러한 현실을 고려할 때, 지금 우리가 선행해야 할 것은 인간의 삶의 영역 안에서 인공지능이 나와 어떠한 관계를 맺고 있는지, 나아가 이를 어떻게 활용할 수 있는지에 대해 제대로 아는 것이 무엇보다 중요하다. 그렇다면 이 같은 변화 속에서 우리는 인공지능을 얼마나 이해하고 있는 것일까?

유토피아 대 디스토피아

인공지능은 21세기 인류가 추구하고 있는 가장 야심 찬 프로젝트 중 하나다. 고성능 인공지능을 개발하기 위한 기술 연구와 함께 AI의 궁극적인 모델인 인간의 뇌 구조를 분석하는 작업도 속도를 내고 있어 인간의 뇌를 대체할 수 있는 고도의 인공지능이 등장할 날도 그리 멀지 않아 보인다. 현재 인류의 삶에서 AI는 최고의 조력자로 활용되고 있으며, 그 영향력만큼이나 인류가 이룩해 온 문명의 변화를 크게 앞당기고 있다. 이처럼 인공지능 기술은 이미 세상의 모든 것들을 뒤바꿀 정도로 우리 사회에 가장 큰 영향을 미치고 있다. 그런 만큼 세계 각국의 인공지능에 관한 관심과 중요성은 날로 커지고 있으며, 인공지능은 차세대의 세계 경제와 시장 질서를 주도할 수 있는 핵심 기술로 주목받고 있다.

그렇다면 과연 인공지능이란 무엇일까? 인공지능에

관한 수많은 연구와 담론들에서 규정하는 인공지능은 판단, 추론, 학습 등 인간의 지적 능력의 기능을 갖춘 전문 컴퓨터 시스템을 일컫는다. 다시 말해 인공지능은 인간의 지적 능력을 컴퓨터로 구현한 기술을 통해 잉태된 기계적 존재다. 그러나 단순히 기계적 의미만으로 인공지능을 설명하기에 우리 앞에 나타난 인공지능의 모습은 너무나도 다양하다. 이들 연구 대부분은 인공지능과 함께하게 될 미래 사회에 대한 환상에 대해 끊임없이 문제를 제기하고 있으며, 이에 대한 견해는 관심 정도와 학습된 차이에 따른 서로의 인식수준에 따라 분명한 차이를 드러낸다. 이러한 경향은 그만큼 인공지능이 현대 사회의 주류가 될 세상이 그리 멀지 않았음을 예고한다.

인공지능에 대한 전망은 두 가지 상반된 입장으로 나뉜다. 그중 하나는 인공지능 기술을 긍정적으로 바라보는 태도로, 인공지능의 발전을 통해 우리 사회가 혁신될 것이란 유토피아적 입장이다. 다른 하나는 인공지능 기술에 대한 미래 전망에 대해 부정적인 시각을 드러내는 디스토피아적 입장으로, 지금의 변화에 대해 절망적인 견해를 보이며 로봇과 인공지능이 인간의 삶을 통제하고 사육하는 전복된 사회가 올 것이라 여긴다. 이 같은 디스토피아적 입장은 다가올 미래 사회에서 인공지능이

고도화 및 지능화됨에 따라 자신의 존재에 의문을 가질 것이며, 이에 따라 인공지능이 인간을 필요하지 않은 존재로 결정해 인류를 제거할지 모른다는 막연한 불안과 공포에서 비롯된다. 정리하자면, 유토피아 입장은 인간이 인공지능 존재를 충분히 통제 가능하다고 보는 관점이며, 디스토피아적 입장은 인공지능 존재가 어느 순간 인간의 통제에서 벗어날 수도 있다는 관점이다. 이 같은 상상이 먼 미래의 이야기로 여겨질 수 있으나, 최소한 인류가 인공지능에 의해 소멸하지는 않더라도 가까운 시일에 인간이 '인공지능을 지배하는 자'와 '인공지능에 의해 지배되는 자'로 나뉠 것은 분명해 보인다(부루퉁의 AI, 2023).

이처럼 인공지능을 바라보는 시각에 분명한 차이가 드러나는 이유는 지금까지 인류의 발전을 이끌어 온 과학기술이 우리 인류를 항상 긍정적인 방향으로만 이끈 것이 아니라, 그만큼 부정적인 결과도 함께 가져왔기 때문이다. 여기서 주목할 점은 두 가지 입장에서 제시하는 일련의 상황이 긍정적이든 부정적이든 모두 현실에서 가능한 일이지만, 우리가 피부로 느끼는 현실에서 유토피아적 관점은 먼 미래의 일처럼 느끼지만, 디스토피아적 관점은 왠지 더 현실적이며 가까운 미래에 반드시 일어날 것만 같은 느낌을 지울 수 없다는 것이다. 이 같은 우려에 대해 노대원은 자신의 논문을 통해 인공지능을 소재로 한 각 문화 매체의 장르에서 드러나는 종말론적 서사가 이제는 과학적 사실과 허구적 상상의 경계가 무의미하게 된 포스트휴먼 문화의 한 축을 담당하게 되었기 때문이라고 설명한다(노대원, 2021).

이 같은 경향은 인공지능 기술에 대한 우리의 관심이 그만큼 크다는 것을 증명한다. 이는 양가의 입장을 통해 인간과 기계의 상호 공존에 대한 성찰을 이끌며, 인류와 인공지능이 함께할 미래 사회에서의 수많은 도전에 대한 답변이기도 하다. 이 담론의 핵심은 근본적으로 과학기술의 가능성에 대한 양면적 전망을 논하지만, 심층에 놓인 질문은 이 변화에서 어떻게 인간중심주의를 극복할 수 있는지에 대한 물음이기도 하다. 다시 말해 인공지능의 존재는 인간과 유사한, 혹은 인간의 지적 사유 능력에 버금가는 모종의 감정 능력을 통해 인공지능이 인간으로부터 독립된 자율적 지위를 가질 수 있는지의 문제이며, 결국 인간이란 무엇인지에 대한 철학적 사유의 과제가 된다.

영화 그리고 AI

인공지능의 인간화에 따른 존재론적 문제는 영화를 비롯한 인공지능을 소재로 한 많은 문화 매체에서 이미 오래전부터 다루었던 문제 중 하나다. 그러나 대부분의 문화 매체에서 인공지능에 관해 다루고 있는 내용은 과학기술의 발전이 가져올 미래에 대한 긍정적 전망보다는 인간의 통제에서 벗어난 인공지능에 의해 발생할지 모를 잠재적 위험 요소다. 즉, 인간과 기계의 지배 관계가 역전될 수 있다는 막연한 두려움과 공포에 관심을 기울이도록 만든다.

영화 〈터미네이터〉, 〈매트릭스〉 등의 시리즈에서 보여 주었듯, 이미 몇몇 영화들은 인공지능의 가공할 만한 능력을 통해 기계가 인간을 지배하게 되는 가상의 상황을 현실감 있게 그려 내기도 한다. 이 같은 영화들에서 재현하는 인공지능 시대에 대한 진단은 과학기술 진영과 비교하면 극히 비관적이며, 미래 사회에 닥칠지 모를 재앙의 가능성에 대한 경고를 인간중심적인 사고에서 찾아내려는 특징을 지닌다(강우성, 2017). 특히 영화는 특유의 기술력을 바탕으로 사실적인 묘사와 은유적 표현을 빌려 현실감 있는 시각적 이미지를 재현해 비록 상상일지라도 이를 사실처럼 받아들이도록 만든다. 인공지능에 관한 이러한 성격을 고스란히 반영한 장르가 바로 SF 영화라 할 수 있다.

그동안 SF 영화 장르는 제작 환경과 기술 특성에 따라 할리우드의 전유물에 가까운 영화 장르 중 하나였다. SF 영화 장르의 보편적 서사는 우리가 일반적으로 알고 있는 시간과 공간의 틀에서 벗어난 또 다른 세계 혹은 변형된 세계에서 일어나는 어떠한 현상에 관해 과학적 소재를 빌려 과학기술과 인간의 관계성을 재현하는 것이 주된 서사의 틀이 된다. 이는 비현실적인 상황을 현실로 재현해 우리에게 잠시나마 인류의 미래 세계를 경험토록 만든다. 영화는 이를 통해 현실 사회의 기술 발전으로 발생하는 사회적 역기능을 은유적인 표현을 빌려 생태 환경의 파괴, 사회 질서의 교란 등을 강조하는 주제를 드러낸다. 이러한 재현 방식은 근대적인 이성과 인간중심적인 사고, 과학기술의 진보를 앞세운 미래 사회에 대한 비판적인 시각을 현시함으로써 현실에 닥친 생태 위기에 대한 동시대적 고민과 사회적인 모순을 되돌아보게 만든다. 이러한 이유로 많은 SF 영화가 생태계의 위기, 혹은 종말에 이른 세계와 지구, 또는 과학기술과 자본주의가 지배하는 허상의 유토피아 등을 재현해 인류를 포함한 생명의 가치와 인류 문명의 파멸적 형태와 같은 모든 질서가 무너진 묵시록적인 공간을 형상화한다. 이는 인공지능을 소재로 한 SF 영화에서도 자주 등장하는 재현 방식이다. 인공지능은 영화의 주제를 이끄는 본질적 소재인 동시에, 때로는 기술적 타자, 때로는 사회적 타자의 임무를 수행한다(신성환, 2021).

결국 인간중심주의적 사고를 바탕으로 제작된 영화의 경우 인간이 기계에 대해 갖는 우월성에 대한 확신을 재현한다고 볼 수 있으며, 이는 미래 사회에 대한 불안과 공포를 미리 경험하게 해 인간이 갖는 불안 요소를 해소하고자 하는 경향을 드러낸다고 할 수 있다. 영화에서 드러나는 대표적인 재현 양상으로는 낯선 존재에 대한 타자화, 서로의 차이에서 발생하는 억압적 성향과 폭력성, 지배 관계를 통해 드러나는 사회적 계급성 등이 있으며, 이는 지극히 모순적인 인간관계의 폐해를 영화적으로 표현한 것이라 볼 수 있다.

그러나 인간중심주의적 사고에서 생산되는 인간의 우월성은 영화에 등장하는 인간보다 더 인간적인 인공지능의 헌신이나 희생과 같은 예외적 특성과 충돌한다. 이는 인간이 지닌 윤리적 태도를 형상화한 것으로 우리가 믿어 왔던 인간의 우월성이 실제로는 환상에 불과하다는 것을 일깨우며, 오히려 인간을 특유의 인간적 욕망에

굴복하는 존재로 인식시켜 우리의 삶을 다시 한번 되돌아볼 기회를 제공한다. 이 같은 영화적 재현은 자신이 창조해 낸 피조물이 완벽하기를 바라는, 다시 말해 인간 이상의 능력을 발휘하기를 바라면서도 이러한 능력 때문에 괴멸시키는 인간의 헛된 욕망과 잔인한 폭력성을 고발한다. 이는 머지않아 맞이하게 될 인공지능 시대에서는 인간중심주의적인 사고방식에서 벗어나 좀 더 유연한 철학적, 이데올로기적인 사고방식으로 사회를 해석해 나아가기를 바라는 일종의 영화적 메시지가 된다(왕열, 2023).

인공지능을 소재로 한 영화들에서 보이는 주된 철학적 사고는 인간이 언제 스스로 인간임을 의심하는지에 대한 근본적 물음이기도 하다. 인간이 스스로 자신의 존재를 의심할 때, 그 때문에 인간답지 않은 행동을 반복하거나 혹은 모든 환경이 비인간적일 때, 인간은 그 안에서 발동하는 억압으로 자신을 의심하게 된다. 인간답지 않은 행동의 반복 속에는 윤리적인 판단에 따른 자책이나 자성의 의미가 깔려 있으며, 모든 환경이 비인간적일 때 자신을 환경과 동일시하려는 착시현상에서 비롯된다. 예컨대 온통 자연에 둘러싸여 있다거나 사람이 없는 상태에서 동물과만 함께 지낼 때, 우리는 잠시 인간임을 잊거나 인간이 아니라는 착각을 일으키게 된다. 즉, 인공지능을 소재로 한 영화들은 영화적 재현을 통해 우리의 본질을 일깨워 인간의 조건을 상기시키는 영화가 된다(최성수, 2015).

이 책의 구성

이 책은 백 년이 훌쩍 넘은 영화사에서 그동안 영화적 소재로 활용해 온 AI에 우리가 어떠한 이미지를 심어놓았으며, 이를 어떻게 받아들이고 있는지를 인문학적 방식을 통해 설명한다. 이는 AI의 개념이나 논의에 대한 일정한 규정이나 정의를 내리고자 함은 아니다. 단지 영화를 해석하는 다양한 방법의 하나일 뿐이다. 이를 통해 영화를 경험하는 과정을 좀 더 친숙하게 하기 위함이며, 나아가 우리 사회, 특히 인공지능과 함께하게 될 미래 사회를 다양한 시각으로 바라보기를 바라는 마음에서 개인적인 견해를 밝히고 있음을 말해 둔다.

현상적으로만 본다면 인간의 사이보그화와 AI가 인간이 되려는 욕망은 서로 교차하는 다른 욕망 같지만, 실상 둘은 하나라는 것을 명심해야 한다. 그 공통된 질문이 향하는 곳은 결국 인간은 무엇이며 어떻게 살아가야 하는지에 대한 현실의 보편적 화두이며, 영화는 이를 영화의 상상적 영역으로부터 빌려와 이미지로 재현하는 것이다. 이 글은 영화 속 AI가 왜 인간의 영역을 욕망하는지에 관한 질문을 던짐과 동시에 인간과 기계가 공존하는 특수한 문명 사이에서 AI에게 투사된 인간적 욕망은 어떠한 재현 양상을 드러내는지 정리하고자 한다.

서론에서는 이 책의 전반적인 내용과 방향성을 제시하며, "불안과 공포의 근원"(1장)과 "억압과 폭력성"(2장)을 통해서 영화 분석의 방법론이 되는 아브젝시옹(abjection) 개념을 설명하고, 이를 통해 영화 속 AI 캐릭터가 어떠한 의미를 생성하는지에 대한 철학적 접근을 시도한다. "문명의 이기주의"(3장), "인간이 창조한 괴물"(4장), "진짜와 가짜의 경계"(5장), "기계가 되려는 인간, 인간이 되려는 기계"(6장), "전복된 관계"(7장)에서는 영화사의 시기별 AI를 소재로 한 대표적인 작품 〈메트로폴리스(Metropolis)〉(프리츠 랑, 1927)와 유사 인간을 다룬 〈프랑켄슈타인(Frankenstein)〉(제임스 웨일, 1931), 그리고 현대에 들어 제작된 〈에이.아이.(A.I.)〉(스티븐 스필버그, 2001), 〈라이프 라이크(Life Like)〉(조시 자노비츠, 2020), 〈엑스 마키나(Ex Machina)〉(알렉스 가랜드, 2015) 등의 영화에서 아브젝시옹 과정을 통해 어떠한 사회적 의미화 과정을 보이는지 정리했다.

"영화 속 경계의 의미 1, 2"(8장과 9장)에서는 앞서 분석한 캐릭터 분석에서 좀 더 확장해 인간과 AI의 관계성을 정리한다. 그동안 영화가 인간과 AI의 경계를 어떠한 방식으로 재현해 왔는지 이미지와 공간, 그리고 소멸 과정을 통해 설명한다. "인간과 AI의 공존 가능성"(10장)에서는 앞의 내용을 정리하는 차원에서 다가올 미래 사회에서 인간과 AI가 공존하는 세상을 이룰 수 있을지 그 가능성에 대해 전망해 보았다.

이 책은 영화에서 재현된 AI의 모습을 통해 우리가 인공지능을 인간과의 상호 관계 속에서 어떻게 바라보고 있으며, 어떤 모습으로 재현해 내고 있는지를 정리한 내용이라 할 수 있다. 인류가 직면한 4차 산업혁명의 변화 속에서 그 핵심이 되는 인공지능을 맞이하게 될 우리 미래 사회에 대해 단지 막연한 기대와 두려움이 아닌 바람직한 학습을 통해 인류의 미래 사회를 균형 있는 시각으로 바라보기를 기대한다.

참고문헌

강우성(2017). "인공지능시대의 인간중심주의와 타자화". ≪비교문학≫, 72호, 114~115, 한국비교문학회.

노대원(2021). "인공지능이 인간을 지배할 때: SF의 인공지능과 특이점 서사". ≪이화어문논집≫, 54권, 64~67, 이화어문학회.

부루퉁의 AI(2023). https://blog.naver.com/ldlquddnr.
신성환(2021). "SF 영화에 나타난 '쓰레기 문명'과 공존의 윤리에 대한 상상력: 〈월-E〉와 〈승리호〉를 중심으로". ≪현대영화연구≫, 43호, 13.
왕열(2023). "SF 영화 속 기술적 타자의 아브젝시옹(abjection)에 따른 재현방식의 변화 연구: 인공지능을 소재로 한 작품을 중심으로". 경기대학교 대학원 박사학위논문.
최성수(2015). "인간의 조건: 영화 〈엑스마키나〉를 보고". 문화선교연구원. (https://www.cricum.org/786).
Nicky Mouse(2024). "포스트휴먼 시대 인간이란? 중세부터 내려온 '인간 제조법' 이야기 등". https://blog.naver.com/nickykim156423/223370260319.

01
불안과 공포의 근원

수많은 문화 매체에서 단골 소재로 등장하는 인공지능에 대한 이미지는 일반 대중들에게 보편적이면서도 특별한 과학기술의 정보를 습득하게 하는 한편, 그 기술을 통해 곧 마주하게 될 미래 사회를 상상하도록 만든다. 미래 사회에 대한 우리의 상상에는 인간의 막연한 기대와 불안이 공존한다.

AI와 1인 창업?

막연함에서 오는 불안과 공포

영화는 작가와 다양한 분야에 속한 관계자들의 노력을 통해 다른 어떤 매체들보다도 미래 사회의 상상에 대한 예측과 결과에 대한 정교하고 구체적인 이미지를 구현함으로써 우리에게 상상적 경험을 체험하도록 만든다. 이런 면에서 영화가 재현하는 인공지능에 대한 이미지는 우리가 곧 마주하게 될 인간과 인공지능이 공존하게 될 미래 사회에 대해 예측하고 판단할 수 있는 근거를 제시한다고 볼 수 있다. 하지만 영화는 이미 오래전부터 과학기술이 가져올 미래 사회에 대해 장밋빛 전망보다는 인간과 기계가 서로 대립해 갈등 국면을 그리는 부정적인 견해를 보여 왔다.

같은 맥락에서 대다수 영화 속 인공지능은 인간과 똑같은 모습을 한 휴머노이드 로봇의 형태로 등장하는데, 그들은 대체로 인간을 보조하는 수단으로 그려지거나, 자각을 통해 인간과의 공존 관계를 파괴하는 적대적 관계로 표현된다. 영화는 인간과 인공지능을 경쟁시키거나 충돌을 일으키는 내러티브의 진행과 기존의 사회 질서가 파괴되는 재현을 통해 인간이 갖는 미래 사회에 대한 불안과 공포에 관해 이야기함으로써 디스토피아적인 분위기를 연출해 낸다.

인공지능을 다룬 영화에서 재현하는 미래 사회에 대한 두려움, 즉 인간의 불안과 공포의 근원에는 주로 인공지능의 초월적인 지적 능력이 자리한다. 만약 지적 능력으로서 언어적 사고 활동이나 수학적 계산 등이 인간의 핵심 능력이라면, 인류는 이미 인공지능에게 지배받아 마땅하다. 그러나 인류가 아직 생태계의 최고 위치에 자리하고 있다는 사실은 지배 권력의 핵심을 지적 능력에만 두기에는 다소 무리가 있음을 증명한다. 인공지능이 인간의 영역을 대체하는 문제는 지금도 진행 중이며 많은 분야에서 직접 목격되고 있는 현상이지만 우리가 여기서 불안과 공포를 크게 느끼지는 않기 때문이다. 이러한 이유로 영화는 극적 재미를 위해 인공지능에 지적 능력 외에도 기계적인 특성에서 나오는 가공할 만한 힘을 부여함과 동시에 인간의 감정 능력 혹은 정서 능력을 학습하도록 만들어 인공지능을 초월적인 존재로 재현한다. 영화적 서사는 이러한 초월적인 능력을 획득한 인공지능 스스로가 자각을 통해 인간의 통제에서 벗어나 강력한 기계적 힘을 바탕으로 인간과 대결 구도를 펼치는 것으로 재현한다. 특히 영화는 인공지능이 학습하려는 인간의 감정 중에서 인간의 본능에 집중하며, 본능 중에서도 욕망에 의한 잔인한 폭력성에 중점을 두는 경향을 드러낸다.

그러나 우리가 도덕적으로 인지하고 있는 인간은 지적 능력과 이성적 판단을 통해 타인에 대한 배려를 실천할 뿐 아니라 자신의 생명을 걸고 자기희생을 감수할 수 있는 존재다. 그렇기에 배려와 희생과 같은 이성적 행위에 반하는 인간의 파괴적인 잔인성은 때로는 이해할 수 없는 욕망으로밖에 설명되지 않는다. 이는 단순한 분노의 표출을 넘어 자기만족을 충족하기 위한 욕망, 즉 타인에게 단지 고통을 가해 쾌감을 느끼고자 하는 목표를 지닌 점에서 인간의 본성(human nature)에 대한 매우 큰 의구심을 가지도록 만든다. 이는 동시에 다른 존재들과 인간을 구분 짓는 또 하나의 큰 특징이 된다. 인공지능의 초월적 능력으로 볼 때, 이는 인간이 다른 생물들과 다른 지점인 '도구적 공격' 성향까지도 인공지능이 학습할 수 있음을 의미한다. 이처럼 인공지능이 인간을 초월한 지능과 기계적인 힘, 그리고 '도구적 공격' 성향을 결합할 수 있다는 상상이 인간에게 인공지능에 의해 지배될지 모르는 상황에 대한 막연한 불안과 공포를 느끼도록 만든다. 결국 인간이 갖는 불안과 공포는 기계가 인간을 대체할 수 있다는 가정이 아니라 기계에 인간이 지배당할지 모른다는 가정에 존재한다(전석환, 2018).

주체와 타자

인공지능을 바라보는 디스토피아적 관점에서 인공지능은 인간의 생태계적 지위를 전복시키려는 역설적 존재로, 주체를 위협하는 존재가 된다. 인간은 이와 같은 위협에서 벗어나기 위해 끊임없는 경고의 메시지를 양산하는 한편, 위협적 존재에게서 멀어지거나 스스로 멀어질 수 없는 상태라면 차라리 그 두려움의 대상이 되는 존재 자체를 추방하려는 움직임을 보인다. 이때 어떠한 대상을 추방하려는 움직임, 다시 말해 본래의 것과 대상을 분리하고자 하는 행위가 이뤄지기 위해서는 일정한 경계가 필요하다. 본래의 것과 추방하고자 하는 대상을 명확하게 구분할 때 둘 사이를 분리하기가 쉬워지기 때문이다.

그러나 분리에 필요한 경계가 항상 명확하게 드러나는 것은 아니다. 그것은 하나의 선처럼 명확한 이미지로 존재할 수도 있으나, 때로는 특정 문화에 나타나는 관념이나 행위처럼 보이지 않는 형태로 나타나기도 한다. 이처럼 경계라는 것은 서로를 명확하게 구분 짓기도 하지만 모호한 특성도 함께 지닌다. 이 같은 모호한 특성 탓에 경계는 끊임없이 위협받으며 언제든 허물어질 수 있는 상태가 된다. 따라서 주체는 이 경계를 공고히 다지기 위해 자신의 신념을 끊임없이 확인하는 작업을 지속하게 된다. 인간에게 이는 정체성을 확립하는 주체 형성 과정이며, 다른 존재로부터 분리하고자 하는 인간만의 특별함, 즉 우월성을 입증하려는 시도가 된다. 인간이 행하는 주체 형성 과정은 정상적인 사회의 구성원으로서 살아가는 데 필요한 일련의 과정이라 할 수 있다(진빛남 · 변혁, 2015).

인공지능을 소재로 한 영화에서 서사의 주된 흐름을 이끄는 존재는 인공지능인 기계적 존재다. 그러나 대부분 영화에서 서사의 주체는 인간이 차지한다. 영화 속 AI는 기계적 존재지만 다른 한편 현실 사회의 어떤 존재들의 욕망을 타자화한 존재가 되기도 한다. 이러한 이유로 정작 자신의 주체는 상실하게 되고, 정체성의 혼란을 겪거나, 뛰어난 학습을 통해 자신의 정체성을 찾기 위해 인간과 대결 구도를 펼치는 역할로 등장하는 것이 지금까지의 인공지능을 소재로 한 영화에서 보이는 서사의 진행이었다. 결국 모순된 현실 사회를 비판적인 시각으로 드러내 인공지능의 본질을 사회적 타자로 만들고, 이들을 통해 인간의 우월성을 입증하거나 인간의 본질을 다시 한번 확인하는 재인식의 기회를 얻고자 하는 것이 이들 영화의 주된 목적이다. 이렇듯 인공지능은 타자화된 존재인 탓에 타자로서 자신의 역할이 다하는 순간 쓸모

없는 존재가 되며, 결국 마녀사냥에서 마녀로 낙인된 이들이 당했던 화형식처럼 불타 소멸하거나, 인간에 의해 소외되어 추방되는 것으로 영화적 생명을 다한다.

이처럼 처음에는 자신이었던 것이 그 어떤 것을 대신해 그 모든 것이 될 수 있고, 이러한 성질 때문에 결국 그 무엇으로도 존재할 수 없는 것이라면, 이 모두를 포함할 수 있는 명칭은 앞서 인공지능을 달리 표현한 '타자'일 것이다. 인공지능을 소재로 한 영화들에서 보여 주려 한 것이 어떤 보편적인 타자의 형상이라면, 이들 영화를 '타자의 서사'로 바라보는 것이 온당할 것이다. 이 같은 타자의 서사를 두고 신형철은 다음과 같이 세 가지 서사적 진행으로 구분한 바 있다.

> 첫째, 주체에게 있어 이방인이 되는 타자가 사회적 공동체에 문득 방문할 때 타자는 그 자체로 하나의 질문이 되기에 주체는 과연 이 타자를 어떻게 처리해야 하는가 하는 난감한 상황에 부닥치게 된다. 타자를 통해 생성된 이 물음은 공동체 내부에 잠재돼 있던 주체의 본질을 끄집어내어 서사의 방향성을 결정한다. 둘째, 주체와 타자 사이에서 발생하는 오해로 인해 사건이 발생하게 된다. 주체가 되는 공동체는 첫 번째 질문에 부딪히지만, 정확히 대면하는 데 실패한다.

타자 자체가 주체에게서 떨어져 나온 것이기에 주체는 타자를 명확하게 읽어내는 데 실패하게 되는 것이다. 이에 자기에게서 나왔지만 자기가 아닌 게 되는 타자에 대해 주체는 타자의 '다름'을 불온하게 여기고, 혐오스러워하며, 위협적인 것으로 간주함에 따라 타자가 지닌 선의는 악의로 오해받게 되어 갈등이 유발된다. 셋째, 이전 단계의 의문과 오해는 결국 주체와 타자가 진실(본질)을 찾아가게 되는 여정으로 연결된다. 두 번째 단계에서 타자에 대해 오해한 공동체는 필연적으로 오답을 내놓을 수밖에 없게 되고, 그 과정에서 타자는 처단되어 소멸하거나 추방당하게 된다. 이러한 일련의 과정에서 주체인 공동체는 그동안 자신들이 은폐해 온 그들 자신의 진실을 목격하게 되고 이로써 다시는 그 이전으로 돌아갈 수 없게 된다.(신형철, 2014)

이 같은 진행 방식을 보이는 것이 타자의 서사가 보이는 보편적인 방식이라면, 이는 인공지능을 등장시킨 영화에서도 자주 보이는 서사 방식이다.

아브젝시옹

주체와 타자가 분리되는 이러한 과정을 주체 혹은 타자가 자아를 형성하는 과정이라 여길 때, 이는 앞에서 제시했던 미래에 대한 기대와 불안이 어디에서 오는지에 대한 해답이 될 수 있다. 이는 세계적인 철학자이자 문학이론가인 쥘리아 크리스테바(Julia Kristeva)의 『공포의 권력』에서 제시된 '아브젝시옹(abjection)' 개념으로 이해할 수 있다.

크리스테바는 타자성의 철학을 구현하기 위해 양가성, 이중성이라는 방법론을 제시한다. 아브젝트(abject) 개념에는 이러한 이중성이 함유되어 있다. 이중성은 이분법의 경계가 불명확해지는 상태를 가리킨다. 이 관점에서 주체는 언제나 자신의 존재가 순수한 결정체이기를 바란다. 자신이 신성하고 윤리적이며, 청결하고, 건강하기를 소망한다. 이 때문에 자신의 자아 속 불손한 존재들을 부정하고 억압해 추방하려 애쓴다. 이러한 과정이 곧 크리스테바가 이야기하는 '아브젝시옹'이며, 이때 추방되는 존재를 가리켜 '아브젝트'라 한다. 그러나 아브젝트는 내가 밀어냈다고 해서 나로부터 완벽히 소멸하지 않는다. 이들은 항상 경계 근처에서 머물며 자아를 위협하기에 우리는 끊임없이 정체성을 확인하는 작업을 하게 된다. 이에 억압받아 추방되는 것들의 이미지는 비열하고, 비참하며, 천한 이미지로 혐오스러운 것들이 된다. 이 같은 아브젝트는 주체가 밀어내면 밀어낼수록 더욱 강력하게 되돌아오는 성질을 지닌다. 주체의 존재는 이러한 강력한 힘을 지닌 아브젝트에 의해 경계가 존재하지 않는 무질서한 공간 '코라(chora)'에 들어서게 되고, 이 순간 세상의 붕괴를 느끼게 된다. 크리스테바의 자아 형성 과정에서 나타나는 이 같은 철학적 관념은 많은 공포 영화나 SF 영화, 그중에서도 인공지능이 등장하는 영화 속 기호적으로 해석할 수 있는 요소들에 의해 영화적 주제를 해석할 수 있도록 만드는 아주 적합한 이론적 토대가 된다(Kristeva, 1980/2001).

아브젝시옹은 세상 모든 존재가 지닌 공통된 특성이다. 아브젝시옹이 없다면 존재 자체가 불가능해진다. 주체와 타자 사이에 발생하는 틈새, 즉 나라는 존재와 다른 존재 사이에서 발생하는 차이와 반복은 모두 아브젝시옹 때문이며, 이 과정에서 비로소 공포가 생성된다. 즉, 주체가 자아를 깨닫게 되는 자아 형성 과정이 아브젝시옹이며, 주체가 자신의 정체성을 깨닫는 순간 발생하는 차이로 우리는 공포를 느끼게 되는 것이다. 크리스테바가 설명하는 아브젝시옹은 "자신의 경계를 위협하는 모든 것을 추방함으로써 개인적이고 사회적인 정체성이 구성되는 정신의 작용이 된다"(정연이, 2019).

이들 개념은 주체와 타자 사이의 관계성을 설명하는

동시에 상호 정체성을 확인시켜 주는 경계와도 같다. 이 과정에서 주체는 아브젝트로부터 끊임없이 위협받고, 교란된다. 다시 말해 주체로부터 떨어져 나온 존재는 다시금 주체와 결합하기 위해 그 곁을 맴돌며 끊임없이 주체를 위협하고 공격한다. 이러한 아브젝시옹 과정에 대해 노엘 맥아피는 주체의 개념을 들어 비체(非體)와 비체화(非體化) 과정으로 설명하기도 한다. 그는 비체의 위협으로 경계가 모호해짐에 따라 주체의 질서가 파괴된다고 말한다. 이때 발생하는 비체의 강력한 충돌 의지로 이뤄지는 비체화 과정이 바로 자신의 정체성을 확인하고자 하는 욕망이며, 이 과정은 항상 모호한 '나'의 경계를 창조하는 상태라 할 수 있다(McAfee, 2003/2007). 여기서 말하는 비체란 주체도 객체도 될 수 없는 존재, 아예 존재 자체가 지워진 존재를 말하는 것으로, 아브젝트와 같은 개념이 된다. 비체는 포스트구조주의에서 주로 탐구하는 용어로, 관습적인 정체성 및 문화적 관념을 태생적으로 교란하기에 아예 없는 것으로 취급된다.

이런 의미에서 비체화 개념은 누군가 삶의 감각을 즉각적으로 위협하는 것으로부터 자기 감각을 분리하고자 하는 과정으로 요약될 수 있다. 예컨대 사람이 시체를 보았을 때 죽음의 불가피성을 직접 상기해 혐오감을 느끼는 것을 생각할 수 있다. 다시 말하자면 주변의 환경에서 '내가 아닌 것'을 분리하는 과정이라고도 할 수 있으며, 그렇게 분리된 것이 비체가 된다. 이 같은 '나'와 '타자'를 나누고 추방하는 과정은 끊임없이 되풀이되며, 이 과정에서 새롭게 생산되는 주체가 바로 본질적 인간이 된다(크리스테바, 2001).

영화적 의미 분석

비체와 비체화 개념은 공포 영화의 의미적 장치를 분석하기 위한 이론적 틀로 자주 활용돼 왔다. 공포 영화에 자주 등장하는 소재(시체, 피, 배설물, 괴물 등)들과 이를 통해 전달하는 감정(혐오, 불쾌함, 불안, 공포)들이 크리스테바가 제시한 아브젝트 존재와 아브젝시옹의 예시와 너무나도 닮았기 때문이다. 이에 진빛남은 바바라 크리드(Barbara Creed)의 말을 빌려 공포 영화에 적용되는 최소 세 가지 측면이 비체화 개념을 다룬다고 보았다. 첫째, 공포 영화는 비체화 이미지들이 빈번하게 등장하고 있으며, 둘째, 공포 영화 속 비체의 존재, 즉 살인마 혹은 괴물에 대해 주체가 갖는 경계의 중요성이 강조되며, 셋째, 여성의 모성적 특성이 비체화를 구성한다는 점 등이 공포 영화에서 나타나는 비체화 개념이다(진빛남 · 변혁, 2015). 이와 같은 크리드의 적용 사례를 살펴보았을 때, 비체와 비체화 개념이 비단 공포 영화에만 적용할 수 있는 것은 아니다. 디스토피아적 관점에서 인공지능을 소재로 한 영화에도 비체화의 특성은 고스란히 나타난다.

장르적으로 볼 때 인공지능을 소재로 한 영화는 SF 장르이기는 하나 넓은 개념에서 공포 영화의 하위 장르로도 볼 수 있다. 이러한 영화는 인간과 인공지능의 공존 관계에서 느끼는 불안과 공포를 통해 중요한 주제를 드러낸다는 점에서 비체와 비체화 개념을 적용할 수 있다. 또한 공포 영화 속 주체인 인간과 비체(괴물, 살인마)의 관계를 살펴볼 때 비체가 끊임없이 주체를 위협한다는 점, 그리고 주체는 이러한 위협으로부터 비체를 끊임없이 밀어내거나 소멸시키려 한다는 점에서 인간과 인공지능의 관계 역시 이와 유사한 특징을 드러낸다. 나아가 인간을 그대로 묘사하는 휴머노이드 로봇의 신체적 특징과 인간의 감정을 학습함에 따라 인간보다 더 인간다움으로 재현하는 특징 역시 인간과 인공지능의 경계를 흐리는 장치 역할을 한다고 볼 수 있다. 결정적으로 비체에 사로잡힌 주체가 자신의 자리를 고정하지 못함에 따라 기존 질서가 파괴되는 경계의 모호함 역시 공포 영화와 SF 두 영화 장르에서 보이는 유사한 특징이라 볼 수 있다. 따라서 인공지능을 주된 질료로 하는 영화에 대한 분석에서는 비체화 개념이 가장 효율적인 이론적 틀이라 할 수 있다.

이 같은 이론적 접근 방식은 인간과 인공지능 사이 상호 관계성과 인공지능을 바라보는 다양한 시각, 그리고 인간 본연의 철학적 사고를 동시에 살필 기회를 제공한다. 이러한 관점에서 인공지능을 다루는 영화에서 비체화 과정을 어떻게 다루고 있는지, 그리고 비체로 여겨지는 존재들의 어떠한 이미지가 우리에게 불안과 공포를 안겨주는지 자세히 살펴볼 필요가 있다. 이는 인공지능을 소재로 한 영화의 보편적 재현 방식이기 때문이다.

참고문헌

신형철(2010). 『정확한 사랑의 실험』. 마음산책.

전석환(2018). "'인간의 공격성(aggression)' 개념에 대한 고찰 및 그 치유 가능성의 전망: '인간학적(anthropological) 관점'을 중심으로". ≪교정담론≫, 12권 1호, 30.

정연이(2019). "줄리아 크리스테바의 애브젝트(abject) 개념 연구: 현대미술에 나타난 여성의 몸을 중심으로". 이화여자대학교 대학원.

줄리아 크리스테바(2001). 『공포의 권력』. 서민원 옮김. 동문선.

진빛남·변혁(2015). "영화 속 '과정 중의 주체'에 관한 연구: 라스 폰

트리에의 〈안티크라이스트〉 중 여성 캐릭터를 중심으로".
≪한국영상학회논문집≫, 13권 3호, 119.
McAfee, N(2003). *Julia Kristeva*. 이부선 옮김(2007). 『경계에 선 줄리아 크리스테바』. 엘피.

02
억압과 폭력성

영화에 등장하는 인간과 인공지능의 관계는 상호 보완적이면서도 적대적이다. 이러한 관계는 공존의 의미를 일깨움과 동시에 공포와 불안이라는 감정을 각인시킨다. 이 순간 인간이 갖는 불안과 공포는 특수한 문명에서 나타나는 계급 차이에서 발생하는 보편적 현상이다.

AI와 MBTI?

억압된 사회

억압이란 기를 펴지 못하도록 인간의 행동이나 자유 등을 강제로 억누르는 행위로, 어떤 감정이나 욕망 따위를 의식적, 무의식적으로 억눌러 의식 자체를 떠오르지 않게 만드는 것을 의미한다. 억압의 정의만 놓고 본다면 상당히 부정적인 의미로 다가올 수 있으나 이는 서로의 약속에 따라 사회 질서를 유지하는 데 꼭 필요한 요소다. 그러나 가해지는 억압이 과하면 오히려 억압된 경향이 폭발해 질서는 파괴되고, 그로써 사회적 균열을 가져오게 되는 엉뚱한 결과를 초래할 수 있다. 이를 좀 더 자세히 살펴보면 기본적인 억압은 사람이 짐승과 구분되는 최소한의 필요조건으로서 충동의 억압을 뜻하며, 과잉 생산된 억압은 특정한 시대의 사회체제가 질서 유지를 위해 구성원들에게 부여하는 억압을 말한다. 이를테면 역사적으로 특수한 가족제의 형태, 가부장제나 일부일처제 같은 것이 이에 해당하며, 기성사회와 자본주의, 이성애주의와 같은 다양한 사회체제가 이에 해당한다. 과잉 생산된 억압이 어떤 문명에만 특수하게 나타나는 억압이라 할 때, 그 사회는 우리에게 예정된 사회적 역할을 스스로에게 내면화시켜 당연하게 받아들이게 하는 경향을 드러낸다. 서구의 근대화 주장에서 식민화에 따른 폭력과 억압을 그들의 관점에서 계몽으로 포장하려는 경향, 가부장제에서 여성이 받는 억압 혹은 가장으로서 짊어질 책임에 관해 자연스럽게 받아들이도록 만드는 억압 등이 특수한 문명에서 생산되는 과잉 억압에 해당한다. 이러한 특수한 문명이나 체제의 경우 시대의 변화에 따라 그 성격이 달라질 수 있으며, 때로는 소멸하기도 한다.

여기서 중요한 점은 변화와 소멸 과정에서 과잉 생산된 억압은 사회 안에서 거대한 폭발력을 가진다는 점이다. 이때의 폭발은 때로 특수한 문명을 소멸에 이르게 한다. 문명의 소멸은 때로는 혁명으로, 어떤 경우에는 해방의 표출로, 또 어떤 경우에는 폭력으로 간주된다. 따라서 특수한 문명이 유지되길 바라는 입장에서는 이러한 폭발성(위험 요소)을 해결하기 위해 희생양이 되는 사회적 타자가 필요하며, 이렇게 타자화된 대상을 통해 억압을 해소하려는 경향을 보인다. 달리 말하면 타자화된 대상은 특수한 문명의 기득권층이 자신의 문명을 보존하기 위해 희생시키는 사회적 약자이자 희생양이 된다.

같은 맥락에서 인공지능이 등장하는 영화를 살펴보면 상징화된 특수한 문명의 주체는 인간이며 희생양에 해당하는 대상은 인공지능이다. 따라서 주체가 되는 영화 속 인물들은 상당히 부유한 자본가이거나 사회적 지위가 높은 과학자, 의사, 학자 혹은 공권력을 지닌 형사 등의 인물로 등장한다. 이에 반해 인공지능은 노동자, 가사도우미, 여성, 아이 등 대다수가 사회적 약자로 타자화된다. 이 같은 계급적 차이가 드러나는 것은 기술이 인간에 의해 만들어진 수단이며 인간은 의지를 가진 살아 있는 주체이기에 이미 출발부터 인간은 창조주이며, 기계는 인간이 만든 피조물에 불과하다는 상하 관계가 성립되기 때문이다. 생명이 없는 피조물이란 얘기는 달리 말해 희생양에 가해지는 주체의 폭력성에 대해 인간의 죄의식이 결여될 수 있음을 의미한다. 즉, 영화 속 인공지능은 인간의 특수한 문명의 보존과 유지를 위해 희생되는 수단임과 동시에 우리 미래에 대한 공포와 불안을 해소하기 위한 장치다. 나아가 인공지능은 인간의 과한 욕망에서 비롯한 폭력에 대한 죄의식을 희석하기 위한 수단이 된다. 이러한 인공지능의 태생 덕분에 타자화된 대상 역시 사회적 약자로 등장할 수밖에 없으며, 나아가 특수한 문명에서 발동한 과잉 생산된 억압에 의한 폭력으로 희생되는 대상이 된다.

억압과 폭력의 희생양

보편적인 인간 사회의 현실을 다루는 AI 영화에서 인공지능 캐릭터는 인간과 매우 흡사한 존재로 등장한다. 이에 인공지능의 사회적 위치는 인간의 지휘 체계를 따르는 체제 안에 자리한다. 얼핏 보면 그들은 인간과 함께 사회 구성원으로서 자리한 듯 보이지만, 실상은 명확한 사회 구성원으로서 자신의 사회적 역할을 부여받지 못한 존재로 등장하는 것이 보편적이다. 영화에서 인공지능은 분명 체제 안에 위치하지만 살아 있는 생명체로 인식되지 않기에 사회의 일원이 될 수 없고, 그저 명령에만 따라야 하는 매우 비천한 기계로만 인식될 뿐이다.

그렇다고 기계적 존재가 무조건 하위 계급에만 머무르는 것은 아니다. 미래 세계를 배경으로 한 영화들, 이를테면 〈터미네이터〉, 〈매트릭스〉 시리즈와 같은 영화들은 인공지능의 고도로 발달한 기술을 바탕으로 인간보다 우월한 지휘 체계를 갖는 전복된 상황을 재현하기도 한다. 설정은 다를지라도 대부분 영화는 인간과 기계 사이의 공존 관계를 재현하기보다는 인간의 통제에서 벗어난 위협적인 존재로 인공지능을 재현하는 특징을 보인다. 따라서 AI를 영화의 주된 소재로 하는 다수의 영화는 인간과 기계 사이의 적대 관계가 갈등의 핵심 요소이며, 이를 영화적으로 재현함으로써 현실 사회의 보이지 않는 계급에 의해 발생하는 억압과 폭력을 상징적으로 드러내 모순된 현실을 비판한다.

인간과 기계 사이 벌어지는 갈등의 양상에는 기계에 대한 인간의 우월함이 함께 자리한다. 인간은 스스로 생각할 수 있으며, 중요한 문제를 정의할 수 있고, 그것을 '잘' 해결하는 것의 의미를 자신의 논리로 정의하고 설명할 수 있다. 이는 기계가 모방하기에 너무도 어려운 문제일 수 있다. 인간이 생각하는 우월성은 예측 불가능한 미래에 대해 인간이 가지는 불안함과 공포를 해소하기 위한 조건이다. 이것이 인간이 다른 존재와 구별되는 이성적 · 감성적 존재인 이유다.

반면 수많은 SF 영화 속 인공지능은 완벽한 초월적 지능을 지닌 기계적 특징으로 인간이 갖는 불안함의 원인으로 자리한다. 이들은 완벽한 기계로서 존재하지만, 인간의 관점에서는 이성이 존재하지 않는 불완전한 존재다. 따라서 인공지능은 완벽한 기계적 학습으로 자신의 불완전성을 해소하기 위해 자신의 창조주 인간을 탐하는 것으로 묘사된다. 이에 영화 속 인공지능은 인간과의 교감을 통해 이성과 감성을 학습하게 되고, 어느 순간 인간과 같은 존재로 여겨지도록 재현되어 인간과 인공지능의 경계를 모호하게 만든다. 경계가 모호해지는 지점, 다시 말해 인공지능이 인간보다 더 인간다워지는 순간이 바로 인간이 느끼는 막연한 공포의 순간이다. 이에 인간은 불안과 공포를 해소하기 위해 자신의 우월함을 내세워 인공지능을 끊임없이 억압할 수밖에 없다. 이러한 억압적 행위가 인공지능을 소재로 한 영화에서 인간과 인공지능이 겪는 갈등의 원인이 되며, 이는 엉뚱하게도 계급의 전복을 통해 과잉 생산된 억압이 폭발해 잔인하고도 폭력적인 결과를 양산하기도 한다. 이것이 인공지능이 등장하는 SF 영화의 큰 특징 중 하나라 볼 수 있다.

이러한 이유로 영화 속 인공지능은 보편적으로 사회적 약자로 그려지며, 상징적으로는 사회적 타자로 인식된다. 이에 반해 인간은 인공지능이라는 존재를 세상에 내놓은 창조주, 즉 당대의 기득권을 상징하는 상위 계층으로 인식된다. 이렇듯 영화 속 인공지능은 은유적인 표현을 빌려 우리 사회의 계급적 양상을 기술적 타자로 소환시켜 사회에서 소외된 존재를 각인시키고 이들과의 관계성을 통해 우리에게 공존의 의미를 일깨운다.

과잉된 욕망의 폭발

인공지능을 타자화하려는 인간의 불안과 공포는 인간이 갖는 근본적 욕망에서 비롯된다. 헤겔의 욕망 이론에 따르면 인간은 주체의 욕망을 타인 및 사회와의 관계로 확장한다. 욕망은 욕구를 채우고자 하는 주체의 의식적 활동이다. 주체는 인간이 사회 활동을 영위하는 노동을 통해 욕구 충족의 과정을 겪게 되고, 이 과정을 통해 욕망을 해소하게 된다. 이때 노동과 그 대상을 매개하는 것이 도구다. 도구는 그 자체로는 활동성을 지니지 않는다. 도구는 기술이 점차 발전함에 따라 자율화되며, 이때 자율화되는 도구가 바로 기계다. 아이러니한 것은 기계가 발달할수록 인간은 도구와의 관계로부터 점차 해방된다는 점이다. 적은 자본과 노동력으로 더 많은 노동 활동을 펼칠 수 있으며, 생산 활동에서 비롯한 리스크를 현저히 줄일 수 있다. 여기서 기계의 노동에 따른 대가는 인간이 누리게 된다. 이 같은 현상은 우리 사회를 양면적 상황에 놓이게 만든다. 기계가 노동을 대신함에 따라 인간은 노동에서 벗어나는 여유를 갖게 되지만, 다른 한편으로는 일자리를 잃게 되는 부정적 결과도 함께 겪게 된다.

이 같은 문제는 이미 오래전부터 발생해 오늘날 하나의 사회문제로 제기된다. 인공지능의 발전으로 일부 직종이 자동화되면서 기계가 인간을 대신하게 되어 취업 기회가 줄어들 뿐 아니라 심지어 모든 것을 인공지능이 대체하면서 일부 직종은 사라지는 시대를 맞이하고 있는 현실이 이를 증명한다. 영화에서는 이를 극적 재미를 위해 전투적 양상으로 재현하지만, 현실에서는 이미 보이지 않는 전쟁이 시작되었다고 볼 수 있다. 인간이 인간을 위해 창조한 피조물에 의해 인간이 위협을 받는 상황이 연출되고 있는 것이 지금의 현실이다. 주체가 자신의 정체성을 찾기 위해 온전하지 못한 것을 추방하는 행위도 억압이지만, 이처럼 주체가 버려진 존재들에게 위협받는 행위 역시 억압이다. 영화에서 극적인 재미를 위해 재현하는 전투 양상 역시 이러한 억압에서 비롯한 결과일 수 있다. 이는 주체와 버려진 존재인 아브젝트 모두 과잉 생산된 억압으로부터 발생하는 불안을 해소하기 위해 공격적이고 폭력적인 성향을 드러내기 때문이다(이준희, 2017).

영화에서 인간과 인공지능의 관계는 영화적 설정에 따라 자주 서로를 지배하는 관계에 놓이게 되는데, 일반적으로는 인간이 기계를 지배하는 경향이 두드러지게 나타난다. 이는 인간이라는 주체가 특정 목적을 위해 기술을 만들고 이를 통해서 자연과 세상을 통제할 수 있다고 믿기 때문이다. 그러나 이를 역으로 생각해 보면 기술이 인간을 통제하고 옥죈다고 보았을 때, 인간의 믿음은 깨지게 되고 그것이 미래에 대한 불안과 공포가 된다. 영화는 이 같은 지배와 통제의 관계를 해체하는 것으로 극적 긴장감을 전달하는 한편 현실의 사회문제를 담론화하기도 하며, 미래에 대한 불안과 공포를 경험하도록 만든다(이상욱, 2019).

특이한 점은 영화 대부분이 인간과 인공지능과의 관계성을 해체하는 재현 양상에서 인공지능을 통제에서 벗어난 매우 잔인한 폭력성을 드러내는 존재로 묘사한다는 점이다. 이는 인공지능에 가하는 인간의 억압과 폭력을 고스란히 전이한 꼴이 된다. 인공지능이 두려움과 희망, 욕망을 가지고 주인을 타도하는 재현을 통해 현실의 계급 차이로 발생하는 억압과 폭력성을 상징화했다고 볼 수 있다. 따라서 인공지능의 폭력적 성향은 우리 인간이 가하는 잔인한 폭력성의 복제이며, 죽음에 대해 가지는 불안과 공포의 고통으로부터 해방되고자 하는 타자화된 욕망의 표현이다.

영화 속 모든 문제의 원인은 인간이 제공하지만, 희생양이 되는 타자화된 존재, 즉 생명이 없는 인공지능에 느낄 수 있는 동정심 따위는 존재하지 않는다. 만약 동정심이 느껴진다면 그것은 인공지능이 아닌 그에게 투사된 타자로서 인간의 존재일 것이다. 이러한 과잉 생산된 욕망과 억압으로부터 발생한 폭력적 행위는 종국에는 인공지능을 폭발하는 폭주 형태로 발현된다. 이러한 이유로 영화에서 재현하는 인공지능의 폭발은 인간보다 더한 폭력을 행사하는 괴물과도 같다. 이처럼 영화는 인공지능을 사회적 괴물로 인식시켜 일말 남겨진 동정심과 죄책감마저 사라지도록 만든다. 결국 영화 속 인공지능은 인간에게는 잠재적 불안과 공포의 요소가 되며, 이러한 불안을 해소하기 위해 항상 소멸하는 희생양이자 괴물로 타자화된다.

그렇다면 타자화된 이들은 어디에 존재하는가? 이에 대한 해답은 휴머니즘을 지탱하는 가장 중요한 요소인 인간과 비인간의 구분에 있다. 생명을 갖지 못한 이들의 존재는 단지 기계일 뿐 인간이 될 수 없기에 사회적 계급으로도 나뉠 수 없다. 그러나 인간과 같은 외형적 모습과 인간 사회를 학습한 인공지능의 존재를 통상적 로봇과 다른 관점으로 구분할 때 이들은 인간과 비인간 사이 어디에도 존재할 수 없다. 그들은 그야말로 완벽하게 소외된 비천한 존재다. 이에 대해 이창익은 어느 쪽에도 분류되지 못한 많은 것들이 인간과 비인간 사이의 어두운 공간에 침전된 존재라 말한다. 그러면서 포스트휴머니즘에 관한 논의에서 가장 비중 있게 다루는 것이 바로 기계라는 새로운 존재론적 범주라 말하며 기계에 대해 "기계가 인간의 몸속으로 들어와 인간을 보완할 때, 인간은 서서히 기계가 된다. 이와 다르게 기계가 인간의 몸 밖에서 인간을 대체할 때, 기계는 서서히 인간이 된다. 인간은 기계가 되려 하고, 기계는 인간이 되려 한다"고 주장한다(이창익, 2017). 이 주장은 포스트휴머니즘의 관점에서 역설적이기는 하지만 예전부터 등장한 영화 속 인공지능의 타자화된 상태 모두를 비유할 수 있는 가장 적절한 표현이기도 하다.

참고문헌

이상욱 외(2019). 『욕망하는 테크놀로지』. 동아시아.

이준희(2017). "도구에서 타자로, 인공지능에 투영된 인간 욕망 고찰: 소설 안드로이드는 전기양의 꿈을 꾸는가? 중심으로". ≪예술인문사회융합멀티미디어논문지≫, 7권 12호, 925.

이창익(2017). "인간이 된 기계와 기계가 된 신: 종교, 인공지능, 포스트휴머니즘". ≪종교문화비평≫, 31권 31호, 210~213.

03
문명의 이기주의: 〈메트로폴리스〉

문명의 발생은 인간의 내부에서 요동치는 다양한 충동에 대한 통제와 억압으로부터 시작된다. 그 충동에 몸을 맡겨버린다면 우리가 문화적이라 할 수 있는 어떤 질서도 공동의 결사도 불가능하다. 따라서 문명의 발생은 인간의 내부에 존재하는 본능적 충동을 제어하고 다스리는 일로부터 시작된다.

AI와 난임 극복?

AI 영화의 원형

감독 프리츠 랑(Fritz Lang)을 세계적인 감독의 반열에 오르게 한 〈메트로폴리스〉는 1920년대의 기술이라고는 믿기 힘든 최첨단 특수 효과와 웅장한 스케일, 그리고 완벽에 가깝게 구현된 정교한 미래 도시 세트 등 환상적인 시각 연출이 돋보이는 작품이다. 당시 독일의 예술 경향을 지배했던 표현주의 전통을 고수하면서 새로운 장르인 SF에 도전한 작품이기도 하다. 영화가 재현하는 거대 도시의 디스토피아적 이미지, 자본가의 테크놀로지 지배에 따른 계급 갈등, 그리고 과학기술로 탄생한 휴머노이드 인공지능 로봇 등이 현재 SF 영화들에서 보이는 영화적 장치의 원형으로 자리하고 있다는 점에서 상당한 의미가 있다.

〈메트로폴리스〉가 등장한 1920년대는 근대적인 감각을 나타내는 예술의 여러 경향이 사회적인 운동으로 확대되는 모더니즘을 추구했던 시기다. 모더니즘은 19세기 예술의 근간이라 할 수 있는 사실주의에 대한 반항적 운동이며, 제1차 세계대전 후에 일어난 전위예술 운동의 한 형태다. 과학이나 합리성을 중시하며, 기술문명으로 도래한 자본주의로 상징화된 근대화를 지향한다. 따라서 기계문명과 도회적 감각을 중요시하는 현대풍을 추구한다. 달리 얘기하면 당대의 지배적인 관습에 반하는 저항적 성격을 보이며 예술에서는 현실주의의 이데올로기를 거부하는 형태로 등장한다. 이처럼 지배적인 관습에 저항적인 성격을 드러내는 것이 모더니즘의 요소 중 하나라면, 영화는 이에 대한 요구 조건을 가장 충족하는 매체다.

자크 오몽(Jacques Aumont)은 영화의 모더니즘적 성격에 관해 영화에서 발현되는 영상 언어 자체가 전시대적 가치에서 벗어난 표현 수단으로써 모더니즘 경향을 뚜렷하게 드러낸다고 여겼다(한상희, 2014). 이에 모더니즘 시기의 전복적 성향은 사회적 혁명의 수단으로, 때로는 혁명 대신 계급의 해방, 성적인 해방 등 전통적인 관습에서 오는 억압에서 벗어나고자 하는 경향들로 영화에 자주 등장하게 된다. 대표적인 영화가 바로 1927년 제작된 〈메트로폴리스〉라 할 수 있다.

자본주의의 희생양

〈메트로폴리스〉는 모더니즘의 특징들, 이를테면 기술문명, 도회적 감각, 근대화, 혁명, 계급의 해방, 성적인 해방 등에 대한 묘사를 이미지로 고스란히 재현해 낸다. 영화 〈메트로폴리스〉는 최초의 SF 영화이자 처음으로 영화에 인공지능을 등장시킨 작품이다. 영화는 자본가로 대표되는 '프레더슨'과 노동자들 간의 극단적인 대립 사이 중재자 '프레더'에 의해 두 집단이 화합을 이루게 되는 내용을 그린다.

영화가 재현한 미래 도시 메트로폴리스는 두 개의 도시로 나뉜다. 극명하게 갈리는 두 개의 도시는 자본주의의 극단적 양면을 날카롭게 묘사한다. 하나는 물질문명의 화려한 마천루가 끝없이 펼쳐진 지상 세계를 재현함으로써 문명이 전하는 미래 사회의 유토피아를 형상화한다. 지상 세계는 지상낙원으로 행복하고 안락한 풍요로운 삶을 영위하는 부르주아의 일상을 담아낸다. 반면 다른 세계는 온통 기계로 둘러싸인 지하 공간에서 기계를 작동시키기 위해 기계보다도 더 기계 같이 일하는 노동자들이 머무는 지하 세계로, 디스토피아를 형상화한다. 〈메트로폴리스〉가 재현하는 두 세계는 정신과 몸, 그리고 자본주의적 변형이라 할 수 있는 사회적 계급의 이원론이 지배하고 있는 세계다. 영화는 지상을 지배하는 '프레더슨(부르주아)'과 지하 세계를 대표하는 그의 아들 '프레더(프롤레타리아)'의 갈등을 재현함으로써 자본주의 속 모순된 현실을 비판한다. 영화에 등장하는 인공지능 로봇 '헬'은 두 집단이 갈등을 일으키도록 분란을 조장하는 핵심 역할로 등장한다.

두 세계의 대비는 명확하다. 지하 세계는 지상 세계를 위해 존재하며, 따라서 지하 세계의 노동자들은 지상 세계의 부르주아를 위해 희생한다. 지상의 가진 자들은 지하 세계 노동자들의 처절한 노동의 대가로 지상 낙원의 천국 같은 삶을 영유한다. 이에 반해 지하 세계 노동자들은 무시무시한 기계에 얽매여 힘든 노동으로 일관된 죽음과 불안, 공포와 불만이 가득한 억압된 삶을 살아간다. 그러던 어느 날, 지상 세계를 지배하는 프레더슨의 아들 프레더는 우연히 천사 같은 소녀 마리아를 만나게 된다. 마리아는 노동자들의 유일한 위로와 구원의 상징으로, 성녀와도 같은 존재다. 마리아를 따라 지하로 내려간 프레더는 마치 동굴 속에서 밖으로 나와 세상의 본질과 마주하게 된 철학자처럼 지하 세계의 실체를 목도하게 된다. 자신이 속한 지상 세계의 편의와 안락함이 노동자들의 착취를 통해 얻어지고 있다는 사실을 목도한 프레더는 이들의 편에 서서 아버지와 대립하게 된다. 이에 지배자 프레더슨은 과학자를 시켜 노동자들의 정신적 지주인 마리아와 똑같은 로봇을 만들어 지하 세계에 혼란과 파괴를 가져오도록 지시한다. 로봇 헬은 미치광이 과학자와 프레더슨의 지시에 따라 노동자들을 선동한다. 로봇 헬의 선동으로 노동자들의 폭동은 점차 거세지고 이들의 폭력적 행위는 결국 지하 세계와 연결된 댐을 붕괴시켜 거대한 홍수를 일으키게 된다(이수안, 2020). 홍수로 모든 것이 사라질 위기에 처한 미래 도시 메트로폴리스는 "머리와 손 사이의 중재자는 심장이어야만 한다"라는 마리아의 말처럼 중재자 프레더가 두 집단을 화해하게 함으로써 끝을 맺는다. 마리아의 말에 담긴 의미를 살펴보면 '머리'는 지배자, 부르주아 계급을 상징하며, '손'은 노동자, 프롤레타리아 계급을 상징한다. 그리고 중재자의 '심장'은 세상의 본질이자 이를 목도한 철학 통치자다(신강호, 2012).

자본주의 모순: 로봇 '헬'

영화 〈메트로폴리스〉에 등장하는 인공지능 로봇 '헬'의 존재는 인간의 신체를 부여받지 못한 시점에는 단지 기계에 불과하다. 그러나 자본가 프레더슨의 지시로 마리아와 똑 닮은 인간의 신체를 부여받게 되면서 로봇 헬은 지하 세계의 노동자들과 같은 존재로 인식된다. 아니 오히려 외형적으로만 보면 로봇 헬은 완전한 마리아의 모습을 한 인간처럼 느껴지고, 기계를 작동시키는 노동자들의 모습이 기계처럼 느껴진다.

영화는 의식적으로 노동자를 기계와 동일하게 묘사해 관객들에게 인간과 기계가 별반 다를 바 없음을 시사한다. 작업하러 이동하는 과정에서 묘사된 노동자들은 모두가 고개를 숙인 채 이동하고, 똑같은 검은 옷을 입고 있어 개인을 알아볼 수 없으며, 동시에 똑같은 걸음걸이와 동작을 취하도록 재현되어 살아있는 인간이 아닌 마치 대량 생산된 기계의 무리가 이동하는 듯하다. 즉, 영화는 사회적 약자인 노동자를 거대한 기계의 부속품처럼 재현함으로써 획일화되고 비인간화된 지하 세계의 내면을 들여다보도록 만든다.

반면 로봇 헬은 인간 마리아와 똑같은 모습으로 형상화됨에 따라 노동자들을 대표하는 성녀이자 철학 정치가의 모습으로 상징화된다. 이는 단순히 로봇 헬이 인간의 신체를 획득했다고 해서 얻어진 것이 아니라 이전 인간 마리아를 통해 축적된 인간의 이미지가 남아 있기에 가능한 일이다. 지상 세계의 프레더 앞에 등장한 인간 마리아는 수많은 아이를 감싸 안은 모습으로 "보아라. 너희 형제들이다!"라는 말을 내뱉으며 우리 모두의 어머니로 상징화된다. 또한, 지하 세계의 깊숙한 동굴 속에서 과한 억압에 시달린 노동자들 앞에 서서 설교하는 모습에서 그녀는 노동자들의 유일한 위로와 구원의 상징인 성녀가 된다. 이처럼 인간 마리아에게 축적된 상징적 이미지는 그대로 로봇 헬에게 투사되어 마리아의 모습을 한 헬의 존재를 인간으로 인식하도록 만든다.

그러나 인간 마리아로 위장한 로봇 헬의 역할은 선동이다. 헬은 노동자들을 부추겨 폭동이 일어나도록 만들어 지하 세계를 혼란에 빠지도록 명령받았다. 목적은 인간 마리아의 선동을 통해 진실을 깨닫는 노동자들을 사전에 규합하고 봉쇄해 그들이 다시금 지상 세계를 위해 맹목적으로 희생하도록 만드는 것이다. 행위 자체로만 보면 인간 마리아와 헬은 선동이라는 면에서 동일선상에 놓인다. 어쩌면 오히려 마리아가 실천하지 못한 노동자들의 자유를 위한 행동에 헬이 앞장선 모습이 된다. 로봇 헬의 행위는 과한 억압이 가해지는 자본주의의 모순에 대한 혁명이 될 수 있으며, 계급 갈등에 대한 해방이 될 수 있다.

그러나 영화는 로봇 헬의 이 같은 행위를 결코 혁명과 해방으로 연결 짓지 않는다. 오히려 로봇 헬이 선동하는 과정에서 헬을 가장 화려한 모습으로 등장시켜 성녀 마리아의 모습을 완전히 제거해 버린 뒤, 탐욕과 성적 쾌락을 좇아 타락하는 여성의 모습으로 재현함으로써 헬에 대한 이미지를 부정적인 모습으로 추락시킨다. 심지어 노동자의 폭동 과정에서 이성을 잃고 자신들의 폭력으로 아이들을 위기에 빠뜨린 상황(댐이 무너져 지하 세계가 붕괴하고 아이들이 갇히게 되는 상황)에 대한 책임을 로봇 헬에게 모두 전가함으로써 그녀의 존재를 괴물에 위치시킨다. 이후 로봇 헬은 정체가 탄로 나며 괴물로 낙인찍힌 채 화형을 당해 소멸하고 만다. 영화는 아이러니하게도 로봇 헬이 소멸하자 그동안 일어났던 일은 없었던 일처럼 두 집단의 화해를 그려 낸다.

결국 자본가의 과한 억압 속에서 발동한 노동자들의 잔인한 폭력성, 즉 인간들의 과한 욕망에서 비롯된 자본주의 사회의 혼란은 희생양 로봇 헬의 희생을 통해 해결되는 꼴이다. 영화는 자본주의 사회의 등장으로 고도로 발전한 기계문명이 인간을 얼마나 위협할 수 있는지에 대한 위기감을 형상화하며, 시대적으로는 당시 독일 사회를 짓누르고 있던 파시즘과 나치의 전조를 표현하는 듯 불길하고 암울한 분위기를 내포한다. 그러나 재현 과정에서 선보인 인간의 과도한 욕망에서 비롯된 과잉 생산된 억압과 폭력은 당시 자본주의 사회로 막 진입을 앞둔 과도기적 상황의 사회적 문제를 지적한다. 이 같은 메시지를 전달하기 위해 영화는 인공지능을 노동자로 타자화해 당시의 사회적 계급을 상징화했으며, 결말에 가서는 인공지능의 위치를 노동자가 아닌 괴물로 추락시켜 인공지능을 비천한 존재이자 희생양으로 만들었다고 볼 수 있다.

참고문헌

신강호(2012). 『영화사를 바꾼 명장면으로 영화 읽기』. 커뮤니케이션북스.

이수안(2020). "테크노바디의 탈신체화와 재신체화에 대한 테크노페미니즘 분석: 영화 〈메트로폴리스〉와 〈엑스마키나〉를 중심으로". ≪탈경계인문학≫, 13권 2호, 70.

자크 오몽(2010). 『영화와 모더니티』. 이정하 옮김. 열화당.

한상희(2014). "1920년대 모더니즘 예술과 동시대 영화". 연세대학교 커뮤니케이션대학원 석사학위논문.

04
인간이 창조한 괴물: <프랑켄슈타인>

인간의 창작 활동에서 발생하는 새로운 것에 대한 발견, 혹은 창조의 순간에 발동하는 진실에 대한 깨달음의 경계에는 벅찬 환희와 불안과 공포의 감정이 뒤섞여 버리는, 마치 과도기적 상황에 나타나는 복잡한 감정의 소용돌이와 같은 현상이 있다.

AI와 사주?

괴물의 탄생

인간이 창조한 괴물의 이야기를 그린 과학소설의 고전 『프랑켄슈타인(Frankenstein)』은 19세기의 천재 여성 작가 메리 셸리(Mary Shelley)가 열아홉 살의 나이에 펴낸 작품으로, 영화와 연극, 만화, 드라마 등 다양한 장르에서 재생산된 유명한 공포 소설이다. 소설에 등장하는 괴물의 실체가 완벽한 기계라 볼 수는 없지만, 괴물을 탄생시키는 과정에 과학기술의 기반과 기계적 설비가 뒷받침되었다는 점, 그리고 생명이 없는 존재에 생명을 불어넣었다는 점에서 지금 우리가 논하고자 하는 인공지능의 이야기를 담은 최초의 소설이 아닐까 싶다.

이 소설은 과학기술이 얘기하는 사회적, 윤리적 문제를 다룬 최초의 문학작품이라 할 수 있다. 이 소설에는 앞서 지금 우리가 인공지능의 발달 과정에서 느끼는 우려 섞인 상황에 대해 전문가들에게 바라는 윤리적 측면의 경고가 담겨 있다. 무생물에 생명을 부여하는 방법을 찾아낸 물리학자 빅토르 프랑켄슈타인은 무덤 속에서 시체들을 꺼내 신체 일부들을 조합해 생명을 불어넣는 실험을 진행하게 된다. 그러나 그는 시체 더미에 생명을 불어넣는 데는 성공하지만 자신이 만든 피조물의 기괴한 형상에 경악해 도피해 버린다. 이후 무방비 상태로 세상에 나타난 괴물이 추악한 자신을 만든 창조주에 대한 증오심으로 복수를 꾀하는 내용이 소설의 주된 서사다. 셸리는 여러 겹의 액자 형식과 다양한 구성으로 깊이 있는 서사 구조를 선보였다.

1931년 제작된 영화 〈프랑켄슈타인〉은 메리 셸리의 소설을 원작으로 한 작품으로, 이 영화에서 프랑켄슈타인 박사가 창조해 낸 괴물의 이미지는 이후 수없이 제작된 '프랑켄슈타인' 작품의 전형이 된다. 큰 키에 납작하고 각진 머리, 얼기설기 꿰맨 이마, 목을 관통한 두꺼운 볼트, 졸린 눈과 무거운 걸음걸이는 프랑켄슈타인의 상징이 되었으며, 괴물이 탄생하는 고성의 모습부터 마지막 풍차 방앗간에서 불에 타는 괴물의 모습에 이르기까지 모든 것이 이후 제작된 공포 영화의 표준이 되었다(애니포스, 2018).

영화는 원작과 달리 괴물을 어린아이에 가까운 순진한 캐릭터로 설정함으로써 자신의 운명을 인지하지 못한 채 비극을 겪는 괴물의 파토스를 극적으로 전달한다. 재현 방식에서는 독일 표현주의 영화의 영향을 받아 그로테스크한 이미지로 연출했으며, 신에 도전하는 인간의 욕망을 극에 등장하는 프랑켄슈타인 박사를 통해 재현해 냄으로써 인간 사회의 풍자와 아이러니한 상황을 그려 냈다.

창조에 대한 인간의 욕망

〈메트로폴리스〉가 모더니즘 성격을 반영한 영화라면 〈프랑켄슈타인〉은 원작과 더불어 계몽주의를 반영하는 작품이라 할 수 있다. 계몽주의의 핵심은 이성 중심적 사고이며, 이성의 힘으로 인간은 우주를 이해하고 자신의 상황을 개선할 수 있다고 본다. 지식 · 자유 · 행복이 합리적 인간의 목표라 여겼으며, 인류의 무한한 진보를 위해 이성의 힘으로 현존 질서를 타파하고 사회를 개혁하려는 시대적 사조이자, 인간의 역사를 진보의 역사로 바라보는 낙관론적 시각이 계몽주의의 대표적 경향이라 할 수 있다. 이는 인간이 끊임없이 갖는 앎에 대한 욕망을 반영한다. 창세기를 통해서 보면, 죄는 선악을 알게 하는 나무의 열매에서 기원했다. 인간만이 행하는 앎에 대한 욕구는 신비를 탈신비화한다. 이러한 인간의 욕망은 끝없이 질주해 언제나 창조에 다다른다. 그래서 영화는 프랑켄슈타인 박사를 통해 인간이 새로운 생명의 창조자임을 끊임없이 강요한다. 하지만 프랑켄슈타인 박사를 통해 재현된 인간의 욕망은 괴물이 마을 사람들에 의해 소멸하는 것(창조주에 의해 피조물이 파괴되는 것)

으로 좌절되고 만다. 그러나 한편으로 현실에서의 인간(프랑켄슈타인)이 갖는 욕망은 새롭게 굴절되어 새로운 욕망을 낳는다. 즉, 인간은 끊임없이 프랑켄슈타인 박사가 되고자 하는 욕망을 갖는다.

영화 〈메트로폴리스〉가 자본주의 사회에서의 발동한 과잉 생산된 억압의 주체로서 자본가를, 그리고 억압을 받아 폭발해 괴물로서 변화하는 타자로 로봇 헬을 노동자 계급에 타자화했다면, 〈프랑켄슈타인〉은 기성 사회에서 발동하는 과잉 생산된 억압의 주체로서 기성세대를, 그리고 억압으로 괴물, 즉 희생양이 되는 대상으로는 어린이를 상징화한 작품이다. 따라서 괴물을 탄생시킨 프랑켄슈타인 박사는 창조주이자 아버지의 자리에 위치하며, 괴물은 창조주에 의해 탄생한 피조물이자 어린아이에 해당한다. 그러나 영화는 프랑켄슈타인 박사를 오만방자하게 자신을 신에 비유하는 욕망 가득한 인간으로, 괴물의 존재는 순수한 아이의 이미지와는 달리 태생부터 비천한 존재로 탄생시킨다. 괴물을 무덤에서 파헤친 정체 모를 시신들의 신체 일부와 교수형 당한 사형수의 신체, 그리고 조수 프리츠가 대학 연구실에서 훔친 범죄자의 뇌로 탄생시키는 과정이 증거다. 따라서 괴물은 탄생 자체가 불완전하며, 여러 신체가 결합한 탓에 하나의 정체성으로 설명되지 않는다. 이러한 이유로 괴물은 흉측한 몰골로 재현되며, 자신을 명하는 이름마저 부여받지 못해 그저 괴물로 탄생해 괴물로 소멸하고 만다.

기성 사회의 희생양

영화는 괴물의 탄생과 소멸에 이르는 과정을 과잉 생산된 억압과 그로 인한 폭력, 그리고 여기서 발동한 폭발에 이은 또 다른 폭력으로 재현한다. 여기서 우리가 주목할 점은 과잉 생산된 억압과 폭력이 계급의 단계를 따라 이동하며 점차 강해지고 변형되는 전이 과정의 형태를 보인다는 점이다.

순수했던 괴물이 진짜 괴물로 변화하는 과정에 대해 영화는 프랑켄슈타인 박사에게만 그 원인을 묻지 않는다. 프랑켄슈타인 박사가 목표로 삼은 창조주로서의 실험에는 하나의 목표를 달성하기 위한 인간의 맹목적 노력과 욕망이 가득하다. 이 과정에는 맹목적 노력의 위험성이 함께 존재한다. 인간이 하나의 창조물을 창조하는 과정에는 모든 걸 뒤로 한 채 그것을 달성하고자 하는 욕망과 그것을 달성했을 때 함께 찾아오는 엄청난 성과를 기대하는 보상 심리가 필연적으로 따르기 마련이다. 같은 의미에서 프랑켄슈타인 박사 역시 노고 끝에 완성된 자신의 창조물이 아름다울 것이란 막연한 환상을 가졌을 것이다. 하지만 현실은 상상과는 너무나 달랐다. 그가 창조물에 쏟았던 애정은 사라지고 괴물에 대한 혐오만이 남는다. 그가 괴물을 창조하는 과정은 방법이 다를 뿐 부모가 되는 일이나 다름없다. 하지만 이러한 결과에 대해 그는 단 한 번도 책임지는 것을 생각해 본 적이 없으며, 오직 장밋빛 미래만을 꿈꿨을 것이다. 자신의 상상과 다른 창조물을 받아들일 수 없던 그는 괴물을 버린 채 자신의 현실로 도피해 버린다.

실망스러운 결과에 따라 괴물에게는 이름이 붙여지지 않는다. 자신의 창조물에 대한 프랑켄슈타인 박사의 실망이 그려지는 과정에는 실패에 따른 좌절과 그로 인해 발생하는 억압이 함께 발동한다. 그리고 그 억압은 괴물에게 직접 전달되지 않고 조수 프리츠를 향하게 된다. 프랑켄슈타인 박사가 조수 프리츠를 대하는 태도는 늘 그를 무시하고 멸시하는 눈빛으로 묘사된다. 자신이 연구를 진행하는 과정에서 받는 억압을 프리츠를 통해 해소하려는 경향이 드러나는 지점이다. 프리츠는 외형적으로 꼽추를 연상시키며, 장애가 있는 이미지로 등장한다. 이에 프랑켄슈타인 박사가 조수 프리츠에게 가하는 억압은 자신을 신이라 여기는 오만한 인간이 장애가 있는 불완전한 존재를 무시하는 행위가 된다.

그러나 이 같은 오만한 행위는 조수 프리츠를 향하는 것으로 끝나지 않는다. 이는 고스란히 괴물에게 전달되는데, 이는 잔인한 폭력성으로 고스란히 재현된다. 조수 프리츠는 감옥 같은 공간에 괴물을 가둬 두고는 채찍을 휘두르는 한편, 횃불을 가까이 갖다 대며 괴물을 괴롭히는 매우 잔인한 행동을 취한다. 결국 프리츠의 폭력을 견디지 못한 괴물은 폭발해 프리츠를 목매달아 죽여 버린다. 괴물이 폭발하게 되는 일련의 과정은 과잉 생산된 억압으로 발생하는 불안 요소가 폭력이라는 방식을 통해 계급에 따라 해소되고 있음을 잘 보여 준다. 그리고 해소 과정에서 폭력은 전이되어 가장 밑바닥에 존재하는 비천한 존재가 폭발할 수 있다는 결과를 보여 준다. 이것은 특수한 문명에서 가해지는 과잉 생산된 억압으로부터 초래되는 엉뚱한 결과라 할 수 있다.

반면 괴물이 인간화되는 과정, 즉 탈기술적 징후는 아이가 세상에 나와 하나씩 깨닫는 감정의 전이 과정을 통해 드러난다. 괴물이 생명을 얻은 초기 순간에 대해 영화는 흉측한 외형과는 달리 순수한 아이의 행동을 따라 하는 괴물의 모습으로 재현한다. 괴물이 맞이하는 처음 순간은 모든 것이 혼란스럽다. 이에 대한 감정 표현으로,

괴물은 아직 말을 떼지 못한 아이처럼 옹알이하며, 걸음걸이 역시 걸음마를 시작하는 아이와 같이 위태롭게 기우뚱거린다. 또한, 프리츠가 들이대는 횃불이 무서워 몸짓으로 기분을 표현하는 장면과 의자에 앉자 불을 피해 옆으로 몸을 돌리는 장면은 있는 그대로 순수한 아이를 떠오르게 만든다. 따라서 괴물이 프리츠를 목매달아 살인을 저지른 행위 역시 아이가 고통에 못 이겨 발생한 의지 없는 우발적 행위와 같다고 볼 수 있다.

이 같은 괴물의 순수한 행위는 고성을 빠져나와 마을의 소녀 마리아를 만나는 순간 극대화된다. 괴물과 마주한 마리아는 괴물이 만난 어른들과는 달리 괴물을 자신과 같은 아이로 받아들인다. 둘은 호숫가에서 꽃을 따며 함께 즐겁고 행복한 시간을 보낸다. 자신을 상냥하게 대해 주는 마리아의 태도에 괴물 역시 순수한 미소로 답한다. 괴물과 마리아가 호숫가에서 함께하는 장면은 영락없이 어린아이들이 소꿉장난하는 모습을 떠오르게 만든다. 그러나 문제는 괴물의 발달 수준이 갓난아이에 불과하다는 점이다. 마리아가 꽃을 호수 위로 던지며 즐거워하는 모습을 보고 괴물도 따라서 마리아를 호수 안으로 던져버리는 사건이 발생한다. 결국, 마리아는 익사하게 되고 꽃송이처럼 마리아가 물에서 떠오를 줄 알았던 괴물은 당황한다. 이 장면은 괴물이 가진 정신과 육체의 불균형을 극명하게 드러낸다. 괴물이 당황하는 모습은 오히려 자신을 괴롭히면서 아무런 죄책감을 느끼지 않는 어른들과 극명한 대비를 이루어 순수한 모습을 통해 인간보다 더 인간다운 괴물의 면모를 보여 주는 장면이라 할 수 있다.

그러나 마리아의 사고는 괴물을 진짜 괴물로 인식하도록 만드는 계기가 된다. 하지만 이 일련의 상황의 근본적인 원인을 찾자면 괴물의 고통은 아버지인 프랑켄슈타인 박사에게 버림받은 것에서 시작한다. 생명을 창조하는 절대적 고민이 필요한 일을 일단 저지르고 본 그는 무책임한 어른이며, 신의 기분을 느낀다고 하면서도 그에 대한 책임을 회피했기에 자신의 사회적 역할에 충실하지 못한 어른이다. 또한, 그의 괴물에 대한 학대는 괴물에게 자기방어적 폭력을 행하도록 만들어 모든 문제의 원인을 제공했다. 따라서 괴물이 그에게 갖는 분노는 충분히 이해하고 남는다. 또한, 마을 사람들이 보인 행동, 괴물이 그저 등장했다는 이유로, 심지어는 도움을 주고도 괴물은 마을 사람들로부터 혐오를 당하기에 괴물이 갖는 분노에는 충분한 동기, 즉 과잉 생산된 억압이 존재한다. 괴물은 평범한 인간과 다르다는 이유로 세상으로부터 혐오의 대상이 되었으며, 사람들은 괴물의 선의를 가진 행동도 믿지 않았다. 괴물이 갖는 분노는 선한 마음이 부정당한 데에서 비롯되었다고 할 수 있다. 괴물이 보인 일련의 행동에 대해, 마리아가 익사하게 된 결과에 대한 잘못을 물을 수 있으나 근본적인 원인을 살핀다면 그 누구도 그에게 책임을 전가할 수 없다. 그러나 영화는 〈메트로폴리스〉와 마찬가지로 괴물이 불 속에서 소멸하는 것으로 재현함에 따라 마을의 평화를 되찾고, 더불어 인간 사회가 안정을 찾는 것으로 귀결한다. 이는 인간들이 인공지능을 타자화해 미래에 대한 불안과 공포를 해소하는 방식에 영화적 원형이 뿌리 깊이 박혀 있음을 짐작케 하는 결말이라 할 수 있다(Wallach & Allen, 2009/2014).

이처럼 영화 〈프랑켄슈타인〉은 인간이 인공지능을 개발함에 따른 창조주의 위치를 다룸으로써 인간의 윤리성과 도덕성에 대한 물음을 제기한다. 새로운 사회적 타자가 되는 인공지능과 인간의 상호 관계, 혹은 인공지능에 대한 인지과학적 접근을 통해 인간의 관점에서 인공지능을 바라보고 해석한다. 그 안에서 인간의 우월성을 찾고 인간의 가치를 찾아내 인간이 갖추어야 할 철학적 사고를 공유한다. 결국 영화 〈프랑켄슈타인〉이 이야기하고자 하는 것은 인공지능의 등장에 따른 미래 인류의 불안과 공포를 해소하고 인간 본연의 가치를 찾는 철학적 사고에 기반한다고 볼 수 있다(Lord, 2017). 또한 인공지능의 탄생은 인간이 자신의 한계를 극복하기 위해 과학기술의 힘을 빌려 포스트휴먼을 탄생시킨 것이며, 이는 인간이 본질적 한계를 극복하고 생명을 조작해 지성을 창조함에 따라 인간 스스로 신의 영역에 도전하는 것으로 볼 수 있다(이명현, 2018).

참고문헌

애니포스(2018). "소름돋는 고전 공포영화 추천!". https://blog.naver.com/aniforce001/221311968909

이명현(2018). "SF영화에 재현된 포스트휴먼과 신화적 상상력: AI 영화와 혹성탈출 리부트 시리즈를 중심으로". ≪문화와 융합≫, 40권 4호, 1~28.

Lord, S.(2017), *Gender and artificial intelligence: The five laws of branding AI*. Landor.

Wallach, W. & Allen, C.(2009). *Moral Machines: Teaching Robots Right from Wrong*. 노태복 옮김(2014). 『왜 로봇의 도덕인가』. 메디치 미디어.

05
진짜와 가짜의 경계: <A.I.>

인간이 본질을 찾는 행위는 인간 스스로 정체성을 입증하는 과정일지 모른다. 그러나 찾고자 하는 본질은 누군가에게는 세상의 진실에 눈을 뜨게 만드는 한 단계 진화의 순간일지 모르지만, 또 어떤 누군가에게는 지금껏 믿고 따랐던 신념이 깨지는 불안과 공포의 순간일지 모른다.

AI와 아이돌?

자의식을 획득한 AI

초창기 영화에서 재현된 인공지능에 관한 서사는 과학적 지식보다는 인간의 상상력에 의해 창작된 경우가 많다. 그러나 과학기술이 급속도로 발전함에 따라 인공지능 기술 관련 지식이 관계자는 물론 일반인에게까지 확대되면서 인공지능을 소재로 한 영화의 서사와 기술적 재현 역시 확장했다고 볼 수 있다. 이러한 과정에서 제작된 수많은 인공지능 영화는 이전 영화들이 제공하는 과학기술에 관련한 다양한 질료와 인공지능에 대한 지식을 결합시키면서 좀 더 세밀한 표현으로 현실감을 더하는 형태로 변화를 시도하게 된다.

〈메트로폴리스〉와 〈프랑켄슈타인〉에 등장한 인공지능은 기계와 괴물이라는 소재로만 등장할 뿐 자신들의 존재 가치를 드러내는 주체적 의식은 명확히 드러나지 않는다. 그러나 이후 제작된 영화들에서는 인공지능에 인간의 감정까지 복제할 수 있다는 조건을 부여함에 따라 단지 타자화된 존재가 아닌 인간 대 인공지능이라는 관계성을 드러내 인공지능을 좀 더 우리의 일상과 맞닿은 존재로 부각하며, 자의식을 획득하는 존재로 격상시킨다. 이런 의미에서 2001년 제작된 영화 〈A.I.〉는 인공지능에 부여된 자의식에 관해 가장 세밀하고 구체적인 이미지를 제공하는 영화라 할 수 있다. 영화 〈A.I.〉에서 인공지능이 자의식을 획득하는 과정은 로봇 '데이비드'가 인간 가족의 일원이 되는 것으로부터 시작된다. 로봇인 데이비드가 인간 가족의 일원이 된다는 것은 곧 인간과 기계적 존재인 인공지능의 공존을 의미하는 것이며, 데이비드에게는 하나의 정체성이 확립되는 순간이다.

'하비' 박사의 계획에 따라 감정을 가진 최초의 인조인간 데이비드가 탄생한다. 인간을 사랑하게끔 프로그래밍된 최초의 로봇 소년 데이비드는 '헨리 스윈튼'의 집에 입양되어 불치병에 걸려 냉동 상태인 그들의 친아들 '마틴'을 대신하게 된다. 데이비드는 철저하게 아들의 역할을 대신하며 부부로부터 사랑받기를 갈망하지만, 부부, 특히 엄마 역할의 '모니카'는 어색함에 데이비드를 낯설어하며 거리를 둔다. 그러나 어색함도 잠시, 시간이 지나면서 부부는 데이비드를 받아들이게 되고, 결국 데이비드는 스윈튼 가족의 일원으로 자리한다. 이 같은 재현은 인공지능이 감정을 갖게 되면서 단순하게 인간의 노동을 대신하는 보조 역할을 넘어 인간과 함께 공동생활을 영위할 수 있다는 사실을 보여 준다. 인간과 인공지능(기계)이 서로 공존할 수 있는 관계임을 밝힘과 동시에 인공지능을 독립적 존재로 인식할 수 있음을 보여 주는 것이다. 어쩌면 경계가 사라진 이러한 재현은 미래 사회를 바라보는 유토피아적 관점에서 가장 아름답고 이상적인 모습에 부합하는 상황이라 할 수 있다.

그러나 영화는 이 같은 유토피아적 상황을 그리 오래 지속시키지 않는다. 부부의 친아들 마틴이 극적으로 건강을 되찾아 퇴원하게 되면서 조금씩 데이비드는 가족으로부터 소외되고 결국에는 버려지고 만다. 데이비드의 운명은 이미 예견된 결과라 할 수 있다. 데이비드는 스윈튼 부부의 가족이 되는 시점부터 이미 마틴의 타자화된 존재였기에 본래의 것, 즉 마틴이 제자리로 돌아온 순간 설 자리를 잃게 되기 때문이다. 결국 영화는 데이비드를 추방하는 것으로 인간과 기계는 같은 존재가 될 수 없으며, 인공지능이 아무리 감정을 가진다고 해도 결코 인간을 대신할 수 없음을 분명히 밝혀 둘 사이의 경계를 명확하게 그어 버린다. 이때 명확해진 경계로 오히려 데이비드의 정체성은 사라지고 데이비드의 자의식은 혼란을 겪게 되는 아이러니한 상황이 발생하게 된다. 존재의 가치를 지워버리는 이 같은 상황은 인공지능에 관한 지식이 시대의 흐름에 맞춰 일상적으로 보편화되었음에도 인간이 가지는 인공지능에 대한 막연한 불안과 공포가 여전히 자리하고 있음을 증명한다.

원본에 대한 결핍

영화 〈메트로폴리스〉가 세상에 공개된 지 한 세기 가까운 시간이 흘렀음에도 당시의 영화에서 재현된 인공지능의 이미지는 외형적 모습은 물론, 캐릭터가 갖는 성격과 서사, 역할 등이 현재까지 고스란히 이어지고 있다. 현대 영화는 촬영 기술, 특수 효과, CG 등의 급속한 발전과 진화를 통해 영화의 서사적 한계는 물론 재현하고자 하는 영화 속 이미지의 한계를 상당 부분 극복했다. 특히 SF 장르는 첨단 기술의 혜택을 가장 많이 받는 장르로서 그동안 소설 혹은 상상으로만 다루었던 소재들을 영화로 재현해 냈다. 이는 과학기술 자체가 이제는 영화 속 조연이 아니라 인간처럼 사고하는 하나의 인격체가 되어 극을 이끌어갈 수 있는 주연으로 활약할 수도 있다는 가능성을 제시한다.

인공지능이 과학기술의 산물로서 이제까지 영화에서 인간을 돕는 보조 역할을 해 왔다면, 언제부터인가 인공지능은 자신에게 부여된 역할을 넘어 인간과 대등한 역할을 해내기 시작했다. 다시 말해 이제는 영화의 풍부한 표현을 위한 보조 수단이 아닌 인격을 가진 하나의 주체로서 등장하는 등 확장된 임무를 수행하게 되었다. 이 같은 변화는 미지의 세계에 대한 환상과 불안, 전쟁과 재앙으로 사라질지 모를 인류의 미래에 대한 예측을 보여 주는 다수의 영화에서 인공지능을 영화의 키워드로 자리하도록 만들었다. 또한 인공지능 자체가 인간을 대신해 사고하며 인간관계로 들어가 관계의 한 축을 담당하게 되면서 영화의 내러티브를 구성하는 핵심적 요소로 자리하도록 만들었다(인수형, 2017).

인공지능 존재가 영화에서 완벽한 주인공으로 자리한 영화를 꼽자면 〈A.I.〉가 가장 대표적인 작품이 아닐까 싶다. 영화 〈A.I.〉는 이분법적 사고가 두드러지게 나타나는 작품으로, '진짜'와 '가짜'에 대한 경계를 이야기한다. 진짜는 '인간'이고, 가짜는 '메카' 또는 '장난감'에 대응된다. 주변 인물들이 로봇 데이비드를 규정짓는 방법은 그들의 대화를 통해 잘 드러난다. 데이비드가 대체하는 아들 마틴은 본인을 가리켜 "진짜 사람"이라 말하며, 대신 데이비드를 가리켜 "슈퍼 토이"라 부른다. 아버지 헨리 역시 아내인 모니카에게 데이비드를 두고 "그냥 장난감 로봇일 뿐이야"라고 말한다. 인간들이 로봇 데이비드를 두고 말하는 이 같은 진짜와 가짜를 구별 짓는 행위는 진짜 아들이 되고 싶어 하는 데이비드에게 가하는 가장 잔인한 폭력이다. 이에 데이비드가 영화에서 재현하는 모든 행위는 결핍을 채우려는 욕망과 연결된다.

그러나 이들이 말하는 진짜와 가짜의 기준은 상대적이다. 예를 들어 로봇 데이비드의 입장에서는 사람들이 가짜 메카다. 그러나 데이비드가 숲속에 버려질 때 울먹이며 모니카에게 "진짜가 아니라서 죄송해요. 기회를 주시면 진짜처럼 할게요"라며 애걸하는 모습을 재현함으로써 영화는 메카 스스로 가짜임을 인정하도록 만들어 버린다. 판단의 주체가 인간이기에 당연할 수 있지만, 영화는 이 같은 진짜와 가짜를 구별 짓는 대사 혹은 행위를 통해 인류가 끊임없이 반복해 온 차별의 역사가 여전히 진행 중임을 고발한다. 이처럼 끊임없이 사람들이 메카를 가짜라는 위치에 고정해 놓는 이유는 그래야만 살아 있는 인간으로서의 존재적 가치와 의미가 드러나기 때문이다. 이는 상당히 인간중심적인 사고방식으로, 인간 스스로가 정체성의 혼란에 빠지지 않기 위해 메카를 언제나 가짜의 범주에 속하도록 만들고 있음을 상기시킨다.

특이한 점은 인공지능을 다룬 영화가 주제를 드러내는 재현 양식에서는 다양한 방식을 보이지만, 이들을 영화의 주체로 끌어들이려는 방식에서는 인공지능을 인간에게 사랑받고 싶어 하는 대상으로 삼는다는 공통점을 보인다는 점이다. 나아가 원본에 대한 결핍을 해소함에 따라 인간과 구별되었던 경계가 허물어지는 재현을 통해 인간으로부터는 완벽한 기계가 되려는 욕망을, 기계로부터는 불완전한 존재로서 인간을 욕망하는 존재로 재현하는 역설적인 표현을 들어, 다가올 미래를 재현하는 공통점을 보인다.

정체성의 충돌: AI로 변형된 피노키오

영화 〈A.I.〉를 감상하다 보면 우리는 어느새 로봇 데이비드에게 동화되어 로봇 소년이 겪는 아픔을 이해하기 시작한다. 맑고 순수한 소년의 이미지에 더해 가족으로부터 버림받고 진짜 인간이 되고 싶어 하는 가슴 아픈 사연도 우리가 데이비드에게 동화되는 이유 중 하나일 것이다. 하지만 무엇보다 근본적인 이유는 영화에서 재현하는 데이비드의 이미지가 우리에게 어딘지 모르게 낯설지 않기 때문이다. 그 익숙함은 우리가 어린 시절 한 번쯤 읽어 보았거나 이야기를 통해 전해 들었을 소년이 되고 싶어 하는 나무 꼭두각시 인형 피노키오의 모습이 로봇 데이비드에게 투영되면서 발생한다. 진짜 인간 소년이 되고자 하는 데이비드의 진정성 있는 여정은 피노키오의 열망을 반영하며, 기계적인 것과 유기체 사이에 가슴 아픈 평행선을 만들어 낸다. 피노키오와 데이비드 사이에 차이가 있다면 영화에서는 동화에서 느끼지 못한 데이비드를 향한 불안과 공포의 감정이 녹아 있다는 지점일 것이다.

영화가 재현하는 인공지능에 대한 인간의 불안과 공포에 대한 인식은 데이비드를 처형하려는 장면 속 대사를 통해 명확하게 드러난다. 이는 주체가 비체를 추방하려는 비체화 과정으로 이해된다. 다음은 데이비드의 처형 과정에서 벌어지는 대사 일부다. "인간의 존엄성을 모욕하는 일이 반복되는 겁니다. 이건 하나님의 뜻을 거역하는 짓입니다. … 물론 우리는 로봇 창조에 탁월한 재능이 있습니다. 하지만 거짓에 속지 마십시오. 우리를 무력하게 만들기 위해 만들어진 겁니다." 로봇 사냥꾼은 대중들 앞에서 연설한다. 이 순간 데이비드는 생명을 구걸하듯 외친다. "저를 죽이지 말아요. 난 데이비드에요." 그러자 관중석의 한 여인이 말한다. "로봇은 생명을 구걸하지 않아요. 저 앤 누구죠? 진짜 사람 같아요." 지금의 대사는 앞서 설명한 진짜와 가짜로 규정되는 이분법적 사고가 명확하게 드러나는 또 하나의 장면이다. 이 상황을 아브젝시옹(비체화) 과정과 연결해 보면 사냥꾼의 말은 인간이 과연 창조주의 역할을 할 수 있는지에 대한 물음이 된다. 나아가 이 말은 로봇의 존재가 인간을 위협하는 존재로서 부정한 존재이며 혐오스럽고, 괴물 같은 존재임을 분명하게 밝힌다. 이들을 우리 사회에서 완전히 추방해 인간 사회 질서의 안정을 이룰 것을 강조한다. 이에 대해 데이비드는 자신의 존재가 기계가 아님을 부정함과 동시에 당신들과 같은 인간임을 강조하며 정체성의 충돌을 보인다. 반면 두 사람의 대화를 듣고 반응하는 여인의 대사는 로봇인 데이비드를 사람으로 인식하며 경계의 모호함을 드러낸다. 지금의 상황은 모두가 하나의 정체성에 대해 의견 충돌을 일으키는 것이다. 이 과정에서 진행된 인간의 기계 처형은 곧 주체가 비체를 추방하는 과정으로 비체화 과정과 동일하며, 이 과정에서 신체 일부가 훼손되어 징그럽고, 혐오스럽고, 기괴한 형상으로 재현된 인공지능 이미지는 비체가 된다. 결국 영화 〈A.I.〉가 재현하는 인간과 기계 사이의 갈등과 충돌로 벌어지는 극적 양상은 인간과 기계적 존재 모두가 겪는 정체성의 혼란에 대한 표현이자 자아를 획득하는 과정이라 할 수 있다.

참고문헌

인수형(2017). "영화 속 인공지능의 역할 변화에 대한 연구: 〈로맨틱 컴퓨터〉(Electric Dreams)와 〈그녀〉(her)를 중심으로". ≪영화연구≫, 72권, 한국영화학회.

06
기계가 되려는 인간, 인간이 되려는 기계: <라이프 라이크>

영화는 인간보다 더 인간다운, 그래서 너무나 완벽해 보이는 인공지능의 모습과 불합리하고 비이성적인 인간의 모습을 충돌시켜 인간은 완벽하지 않기에 인간이라는 것을 입증한다.

AI와 야구?

사랑이라는 이름의 억압

2020년 개봉한 영화 〈라이프 라이크(Life Like)〉는 자의식을 가진 인공지능에 인간의 욕망을 가장 분명하게 타자화한 작품이라 할 수 있다. 또한 지금껏 제시한 여러 영화에서 보인 인공지능과 인간과의 관계 속에 드러난 계급성, 그리고 그 안에서 발동하는 과잉 생산된 억압과 폭력성 등 모든 것을 집약한 작품이라 할 수 있다.

영화는 사랑하는 연인 사이인 '제임스'와 '소피'가 막대한 유산으로 이전의 평범한 일상과는 완전히 다른 삶을 살게 되는 과정을 그린다. 제임스의 아버지가 갑작스럽게 사망하면서 받게 된 어마어마한 유산과 회사 운영으로 두 사람은 제임스 아버지가 살던 저택에서 새로운 삶을 시작하게 된다. 그러나 소피는 사람을 하인처럼 부리는 것에 죄책감을 느끼고 불편함을 느끼는 등 새로운 삶에 적응하지 못한다. 자본주의 사회의 주체인 자본가의 위치에 서게 된 소피는 기득권층이 누리는 특권보다 자유로운 삶을 원한다. 주변 사람들(노동자)이 베푸는 친절한 행동은 오히려 그녀의 자유로운 삶을 방해하는 지나친 간섭이자 억압으로 다가온다. 이에 소피는 제임스의 뜻과는 무관하게 가정부와 관리인들을 모두 집에서 내보낸다. 그들을 내보내는 과정에서 소피는 어마어마한 대가를 치르지만, 소피의 이러한 행동은 그들에게 자유를 선사했다는 이미지를 발산하며 소피 자신과 관객이 그것을 선한 행동으로 여기도록 만든다. 그러나 이는 실상 자신이 받는 억압으로부터 자유로워지고자 한 행동으로, 모두의 일자리를 잃게 만드는 희생을 강요한 결과로 볼 수 있다. 하지만 그들의 희생은 그녀를 억압으로부터 완전히 해방하지 못한다. 심리적 억압으로부터의 해방은 이루어졌을지 모르지만, 어마어마한 저택을 혼자서 관리해야 하는 물리적 억압이 시작되었기 때문이다. 결국 물리적 억압을 견디지 못한 소피는 엄청난 스트레스를 받게 되고, 이에 자신이 받은 억압을 고스란히 제임스에게 옮긴다. 그토록 사랑하는 사람에게 오히려 억압을 가한다는 행동은 이해할 수 없는 부분이지만, 인간은 아이러니하게도 사랑하는 사람에게 가장 강한 억압을 가하기도 한다. 사랑하기에 모든 것을 이해하고 포용해 줄 것이라 믿기에 이러한 행동을 이어가지만, 이는 사랑이라는 단어로 포장된 착각일 뿐, 소피의 행동은 엄연히 해서는 안 될 폭력의 일종이다.

이에 따라 제임스의 억압은 이중적이고 중첩된 과한 억압이 된다. 제임스는 아버지의 회사 지위를 물려받게 되면서 회사를 친환경 기업으로, 올바른 윤리를 지향하는 회사로 키우고자 한다. 그러나 일은 제임스의 뜻대로 이뤄지지 않고, 그는 과도한 업무에 시달리며 억압받게 된다. 회사에서 받는 억압과 소피에게 받는 억압, 다시 말해 제임스가 받는 억압은 이중으로 중첩된 과잉 생산된 억압의 일종이다. 제임스가 받는 억압의 경중을 따지자면 의외로 회사에서 받는 억압보다 소피에게 받는 억압이 좀 더 과하게 재현된다. 이는 제임스의 주체성이 어디에 있는지에 따라 쉽게 입증된다. 두 사람의 상호 관계에서 항상 소피가 우위를 차지하며 주체적 위치에 자리했다면, 회사에서만큼은 제임스가 가장 상위 계급에 위치하며 자신의 주체성을 입증할 수 있기 때문이다. 두 사람이 온전히 자유로운 삶을 만끽하던 순간을 되짚어 보자. 낡은 소파를 집에 들이는 과정에서 제임스는 불만을 느끼지만, 사랑하는 소피를 위해 양보한다. 이후 저택으로 이사 온 후에도 소피가 관리인들을 내친 것에 대해 아무런 불만을 제기하지 않고 오히려 소피가 자기 행복을 찾기를 바랄 뿐이다. 얼핏 보면 사랑하는 두 사람의 배려 넘치는 상황처럼 보이지만, 여기에는 소피가 제임스에게 가하는 억압이 존재한다. 우리는 제임스의 희생이 강요되는 불균형적 상황이 펼쳐지고 있음을 눈치 챌 수 있다. 단지 사랑이라는 이름으로 억압과 희생이 가려져 있을 뿐이다. 그러나 회사에서만큼은 제임스가 주체가 되어 모두를 이끄는 처지가 된다. 그래서 제임스는 집과는 달리 회사에서 강한 의욕을 보이며, 모두의 반대를 무릅쓰고 자신의 의견을 펼쳐나가는 주체성 있는 인물로 표현된다. 결국 제임스의 주체성은 회사라는 공간에 자리한다. 따라서 과잉 생산된 억압으로부터의 해방을 위해 우리가 사회적 타자, 즉 희생양을 꼭 필요로 한다면 제임스에게는 소피와의 관계에서 받는 과잉 생산된 억압을 해소하기 위해 집에서 자신을 대신할 희생양이 필요하다는 얘기가 된다. 이에 영화는 제임스를 대신할 희생양으로 너무나도 아름답고 완벽한 인공지능 로봇 '헨리'를 등장시켜 타자화한다.

욕망에서 비롯된 타자화

두 사람이 받는 억압을 해소하기 위해 입양된 로봇 헨리는 모든 집안일을 해결함으로써 소피가 받는 물리적 억압을 해소함과 동시에 취미 활동을 함께하면서 제임스가 회사에서 받는 심리적 억압까지 해소해 준다. 로봇 헨리와의 동거가 불편했던 두 사람은 차차 헨리를 통해 자신들의 억압을 해소하면서 헨리를 자신들의 일상으로 받아들인다. 주인의 행복에서 기쁨을 느끼는 헨리는 소피가 준 책을 읽고 소피와 대화를 나누면서 인간 사회에 적응하고 성장한다. 그리고 마침내 인간의 감정까지 느끼게 된다.

그러나 문제는 헨리가 인간의 감정을 느끼게 되는 순간 발생한다. 자신의 외로움을 달래 주는 헨리에게 소피는 마음을 빼앗기게 되고, 결국 헨리와 성적으로 교감하는 상상에 이르게 된다. 이러한 소피의 감정을 눈치를 챈 제임스는 헨리에게 묘한 불안과 질투를 느끼게 된 나머지 폭력적 행동을 보이기 시작한다. 영화는 두 사람이 인공지능 헨리로부터 억압이 해소되는 것처럼 묘사했지만, 결국 헨리가 인간의 감정을 학습하게 된 순간 오히려 과잉 생산된 억압으로 인해 단단했던 관계에 균열이 생기는 재현을 통해 인간이 갖는 과도한 욕망을 질책한다.

영화 〈라이프 라이크〉에 등장하는 인공지능 헨리에 투영된 타자화된 존재는 이전 영화들보다 다소 복잡하다. 그래서 헨리는 더욱 완벽한 인공지능의 모습을 보인다고 할 수 있다. 로봇 헨리에게 투영된 타자화된 존재를 살펴보면, 소피의 물리적 억압을 해소하기 위해 관리인을 대신한다는 뜻에서 헨리는 자본주의 사회의 노동자를 대신하고 있으며, 관계가 소홀해진 두 사람 모두에게 사랑의 대상이 된다는 점에서 성적 욕망에 따른 탐욕의 존재가 되기도 한다. 또한 학습을 통해 점차 사회성을 갖춰 나간다는 점과 꿈을 통해 성장(진보)한다는 점에서 어린아이를 타자화한 형태를 취한다.

그러나 두 사람과 동시에 성적 행위를 재연하는 행위와 두 사람을 기쁘게 해 주겠다는 집착에 가까운 행동, 그리고 인간의 행동에 의문을 품고 인간의 불완전성에 매혹을 느끼는 등의 행동은 아무리 이해하려 해도 도저히 로봇의 행동으로 보기에는 어렵다. 헨리의 이 같은 행동은 결국 두 주인 제임스와 소피의 다른 욕망 사이에서의 혼란으로 해석되며, 너무나 많은 존재가 그에게 타자화되면서 정체성에 혼란을 겪는 모습으로 해석될 수 있다. 그리고 영화는 결말의 반전 부분에서 로봇 헨리의 정체가 기계화된 인간이었음을 보여 주면서 헨리의 이상 행동에 대해 이해하도록 만든다. 그러나 관객들은 로봇 헨리의 정체가 인간이었음을 이전까지 전혀 눈치채지 못한다. 그저 지금까지의 인공지능을 소재로 한 영화들처럼 인공지능이 인간의 감정을 갖게 되면서 겪는 갈등의 재현으로 받아들인다. 이 때문에 로봇인 줄 알았던 헨리가 인간이었음이 밝혀지는 순간 관객들은 충격에 휩싸일 수밖에 없다. 이 같은 영화의 반전은 관객의 무지함을 일깨우는 장치가 된다. 무지함을 일깨우는 일련의 재현을 통해 영화는 우리 인간이 불완전하기에 인간임을 깨닫도록 만든다.

기계가 되려는 인간, 인간이 되려는 기계

영화 〈라이프 라이크〉가 자아내는 상상력은 너무나 독특한 나머지 돋보이기까지 한다. 특히 로봇 헨리를 꿈꿀 수 있는 의식적 존재로 만들었다는 점은 오직 이 작품에서만 보이는 기발한 상상이 아닐 수 없다. 꿈이란 의식 활동의 일부로, 로봇이 꿈을 꾼다는 건 자의식을 갖게 되었다는 것을 상징한다. 또한 로봇과의 사랑, 여기서 사랑은 일종의 수사법에 불과한 점잖은 언어적 기호가 된다. 여기서 말하는 언어적 기호의 구체적 표현은 성욕이며, 로봇과 행하는 성적 행위가 된다. 나아가 책을 읽고 문학적 토론이 가능한 로봇의 재현은 로봇이 문학 내부에 있는 상징체계를 이해하고 인간이 표현하는 감정의 다양성 혹은 중의적 감정을 이해한다는 말이 된다. 영화 내부에서 발생하는 이런 복잡한 질문들('꿈꾸는 로봇?', '로봇과 사랑을?', '로봇과 문학적 토론을?')은 인공지능을 인간의 범주에 놓고 본다면 어쩌면 특별히 생각할 필요가 없었던 질문이다. 인간이라면 당연히 행할 수 있는 행동이기 때문이다.

그러나 헨리가 기계적 존재인 로봇임을 고려할 때 이는 전혀 다른 문제가 된다. 자의식이 있으며 사랑이라는 감정의 표현과 성욕을 가지고 있는 로봇의 존재, 심지어 책을 읽고 지적인 토론이 가능한 로봇이 있다고 가정할 때 이는 인간과 인공지능과의 공존 가능성이 이전까지와는 전혀 다른 양상을 보일 문제이기 때문이다. 심지어 '그 로봇과 사랑에 빠지는 건 어떤 의미일까' 하는 질문들, 물론 〈바이센테니얼 맨〉에 등장하는 로봇도 이와 유사한 설정으로 볼 수 있지만 영화 〈라이프 라이크〉는 이러한 질문들에 대해 영화적 상상이 아닌 현실 가능성에 무게를 실으며 보다 더 강렬하게 묘사한다.

영화는 완벽한 인간이자 완벽한 인공지능인 헨리를 통해 진짜 인간의 조건은 무엇인지에 대해 근본적인 질문을 던진다. 질문에 대한 해답은 각자의 위치에서 자신의 처지를 이야기하는, 다시 말해 서로를 향한 욕망을 내비치는 대사를 통해 잘 드러난다. 로봇 헨리의 "인간은 그래서 아름다운 걸요. 확실한 것은 아무것도 없죠. 인간의 매혹적인 결함들은 끊임없이 변화해요. 저도 그런 결함이 있었으면 좋겠어요… 인간은 결점으로 진짜가 되는 거예요"라는 대사를 통해 인간이 되고픈 기계의 욕망을 엿볼 수 있으며, "헨리를 보면 완벽하지만, 인위적인 우리를 보는 것 같았어. 우리도 잘해 보려고 애썼지만, 점점 망가졌지"라는 제임스의 대사를 통해 인간이 가지는 결핍에 대한 욕망을 엿볼 수 있다. 나아가 〈프랑켄슈타인〉의 박사를 연상케 하는 '줄리언'을 통한 창조주 입장의 대사 "당신들은 모든 것을 가졌어! 완벽한 것을 줬잖아. 그걸로 부족했어…? 난 헨리를 완벽한 인간으로 만들었어"를 통해 우리 인간이 완벽한 기계를 탐하고 있다는 사실을 통해 그 욕망이 얼마나 헛된 과욕인지 여실히 드러낸다.

이 작품에서 한 가지 아쉬운 점은 이토록 기발하고 아름다운 상상으로 출발했던 영화적 서사가 결말에 이르러서는 다른 작품들과 별반 다르지 않게 진행된다는 점이다. 영화는 헨리가 인간임을 밝힌 충격적인 반전을 제시한 후 과잉 생산된 욕망의 결과로 로봇 헨리가 자신의 창조주 줄리언을 무참히 잔인하게 살해하고 자신 역시 자멸하는 폭력적 행위로 이야기를 마무리한다. 이 같은 결말은 다른 영화들이 보인 보편적인 방식에서 벗어나지 못한 채로 인간과 인공지능 사이에서 발생한 갈등을 봉합하고 있다는 점에서 한계를 보인다고 할 수 있다. 다만 인공지능 로봇으로만 알고 있었던 헨리의 존재가 우리와 같은 인간이라는 독특한 반전을 보인 데에는 "인간만이 가지는 욕망이자 원초적인 욕망 이상의 다른 무언가를 탐하고자 하는 마음이 사람을 어떻게 사고하고 행동하게 만드는 것인가?"에 대한 철학적 사고가 스며 있다고 하겠다(오종준, 2020).

참고문헌

오종준(2020). "인간보다 더 인간 같은 로봇이 위험한 욕망을 품다". 데일리그리드. https://www.dailygrid.net/news/articleView.html?idxno=326252

07
전복된 관계: <엑스 마키나>

튜링 테스트는 인공지능의 지적 능력을 평가하는 전통적인 방법이다. 기계가 인간과 대화할 때, 사람과 기계의 답변을 구별할 수 없는 정도에 도달하면 기계를 지적 존재로 간주하는 방법이 바로 튜링 테스트다.

AI와 윤동주?

익숙함과 낯섦의 사이

영화에 등장하는 휴머노이드형 인공지능은 완성 과정에 있거나 혹은 이미 완성된 상태로 인간과의 공존 관계를 그려 내는 것이 보편적이다. 그러나 영화 〈엑스 마키나〉는 이와 달리 인공지능 개발 과정의 일주일을 고스란히 담아낸다. 물론 영화 속 휴머노이드 로봇 '에이바' 역시 거의 모든 면에서 완성된 형태를 보이기는 하지만, 이들이 주로 머무는 공간은 자연 속 실험실에 한정되어 있으며, 신체의 외형적 특성에서 아직 미완의 모습을 드러내는 등 지금의 상태가 인간과 인공지능이 함께 공존할 수 있는 사회에는 미치지 못하고 있음을 시각적으로 보여 준다.

기존 영화들이 인간과 기계 사이의 갈등과 충돌이라는 사건 중심으로 서사를 이끈다면, 영화 〈엑스 마키나〉는 사건보다는 철학적 의미를 내포한 대화들을 통해 서사를 이끌어 간다. 특히 연구실로 한정된 장소와 단출한 네 명의 등장인물, 그리고 그 속에서 이뤄지는 대화 위주의 진행 방식은 관객에게 공간이 주는 감각과 이들의 대사, 그리고 신체적 이미지에 더욱 몰입할 수 있는 계기를 마련해 준다. 영화는 휴머노이드 로봇에게 부여한 여성성의 양가성과 신체에 대한 잔인성과 유혹, 자연 공간의 상징성과 같은 기호적 의미들을 면밀하게 살피도록 만든다(박성현, 2016).

세계 최고의 검색 엔진 회사 '블루북'에 다니는 주인공 '칼렙'은 사내 추첨 행사를 통해 사장 '네이든'의 연구소를 방문할 기회를 얻게 되고, 그곳에서 칼렙은 휴머노이드 여성 로봇 '에이바'가 자각 능력을 갖추고 있는지를 알아보는 튜링 테스트(Turing Test)에 참여하게 된다. 영화는 긴장감을 불어넣기 위해 공간을 자연 속 연구소로 한정하는데, 연구소의 모든 방은 출입 카드를 이용해야만 출입할 수 있도록 설정되어 있다. 이마저도 네이든에게만 전체 공간이 허락될 뿐, 다른 이들에게는 한정된 공간만 허락될 뿐이다. 다른 영화들이 인공지능의 주된 공간 혹은 탄생 공간을 암울한 지하 세계나 도시의 뒷골목, 혹은 더럽고 추하게 여겨지는 쓰레기장을 통해 타자화된 공간으로 표현했다면, 영화 〈엑스 마키나〉는 아름다운 자연을 배경으로 한다는 점에서 시각적 차이를 보인다. 그러나 색채와 세련된 분위기만 다를 뿐, 〈엑스 마키나〉에서도 이전 영화들과 마찬가지로 어딘지 모르게 낯설고 고립된 느낌을 지울 수 없으며, 이에 따라 이 공간이 인간 사회와는 거리를 두고 있는 소외된 공간이라는 의미를 담고 있다는 것은 마찬가지다. 오히려 아름답게 보이는 이미지와는 달리 완벽하게 외부와 통제된 공간이라는 점에서 이곳은 타자화된 공간이라는 인식을 더욱 강하게 심어 준다.

다만, 이 같은 재현은 이전 영화에서 공간을 통해 전달하고자 했던 디스토피아적인 감각과는 달리 오늘날 과학기술이 주는 혜택에 익숙한 우리의 감각에 가까우며, 보다 현실성 있는 이미지로 재현했다고 보는 것이 옳을 것이다. 그러나 이러한 공간적 배치가 중요한 것은 지금도 우리가 인공지능을 비체로 인식하고 타자화하고 있기 때문이다. 따라서 영화는 인간이 느끼는 불안과 공포를 제거하거나 사전에 차단하기 위해 고립되고 추방된 공간으로 영화의 배경을 오랜 기간 설정하고 있다. 다시 말해 인공지능을 다룬 영화들은 그 원형부터 이미 인공지능을 비체의 존재로 각인시키고 있으며, 이들의 탄생과 삶의 주된 공간을 소외된 공간으로 한정 지으려고 끊임없이 시도한다고 볼 수 있다. 같은 맥락에서 〈엑스 마키나〉에서 재현된 이 공간은 상당히 세련되고 최첨단 기술이 집약된 공간처럼 여겨지지만, 정작 우리에게 어딘지 낯설고 이질적인 감각을 불러일으킨다. 공간이 주는 이 같은 생경한 감각은 그 안에 머무는 휴머노이드 로봇 에이바, 그리고 '교코' 등의 인공지능 로봇에게서 보이는 신체적 이미지를 통해 비체의 재현을 더욱 선명하게 드러난다.

AI와 젠더

〈엑스 마키나〉는 인간과 기계 사이의 경계를 재현하는 과정에서 〈A.I.〉의 로봇 실라의 실험과 마찬가지로 처음에는 로봇을 인간으로 인식하도록 재현한 후 갑작스럽게 내부의 기계 이미지를 드러내 경계의 명확성을 드러낸다. 그러나 표현방식은 영화 〈A.I.〉보다 더욱 흉측하고 잔인하며 혐오스럽다. 인공지능 캐릭터에 부여한 성적 이미지에 관한 서사는 네이든의 비서 교코를 통해 드러난다. 교코는 마치 〈메트로폴리스〉의 헬이 보이는 성적 매력과 〈A.I.〉의 실라를 통해 드러나는 아름다운 외모를 혼합한 느낌을 들게 한다.

교코에게 타자화된 여성성은 〈A.I.〉의 첫 장면과 매우 유사하게 재현되는데, 하비 박사가 실라에게 옷을 벗으라고 명령하는 장면에서 실라가 아무런 수치심 없이 명령을 수행한 것과 마찬가지로 교코 역시 자신의 창조주인 네이든의 명령에 절대 복종하는 여성 노예와도 같은 모습을 보인다. 교코는 연구소 안에서 네이든의 명령에 따라 모든 것을 수행하는 비서와도 같은 존재다. 하지만 우리는 영화가 진행되면서 그녀가 네이든의 성적 쾌락을 위해 존재한다는 사실을 깨닫게 된다. 심지어 집안에 설치된 카메라에 녹화된 영상을 확인하는 장면에서 네이든이 로봇들에게 폭력을 행사하는 모습이 등장하는 것으로 보아 교코 역시 지속적인 폭력에 노출되어 있음을 짐작할 수 있다.

기계인 인공지능 로봇의 성을 구분할 수 있는지는 불분명하지만, 영화에서 재현된 이미지만 놓고 본다면 영화는 기계에 여성성을 부여함과 동시에 기계를 성적 대상화한다는 사실을 쉽게 알 수 있다. 그리고 무엇보다 우리가 이러한 사실을 자연스럽게 받아들이고 있다는 것은 분명해 보인다. 인간이라면 당연히 이러한 행위에 대하여 죄의식을 가져야 한다. 그러나 이들에게 부여된 기계적 정체성은 우리가 죄의식을 가지지 않아도 되는 것처럼 느끼게 한다. 이는 기계적 이미지가 강할수록 더욱 효과적이다. 여기서 말하는 기계적 이미지란 기계적 존재가 지닌 불완전성을 말한다. 〈엑스 마키나〉는 교코를 언어 체계를 갖추지 못한 불완전한 존재로 만들었으며, 교코가 스스로 자해하는 장면을 통해 내부의 기계적 이미지를 외부로 드러내 우리가 교코의 매력적인 모습을 더는 떠올리지 못하게 만든다. 오히려 아무렇지 않게 자해하는 모습과 아무런 수치심도 느끼지 못하는 무감정의 존재인 교코를 통해 우리가 그녀에게 아무런 감정을 느끼지 못하도록 만든다. 이 같은 감각은 교코를 통해서만 연출되지 않는다. 앞서 카메라에 포착된 폭력적인 행위에 노출된 모습과 기계 신체의 부품들이 마치 인간의 훼손된 신체인 것처럼 등장하는 장면, 그리고 연구 과정에서 신체가 토막 살해된 것처럼 보관된 모습, 장식장 속 하나의 장식품처럼 진열된 모습 등 흉측하고 괴기스러운 장면 연출을 통해 영화는 우리의 감각을 무디게 만든다.

인공지능의 훼손된 신체는 과거 제사에 제물로 바치는 데 필요했던 노예의 신체와 유사한 존재 가치를 지닌 것으로, 비체화로 대상화된 신체다. 따라서 인공지능의 신체는 결코 존엄한 인간의 구성 조건으로서의 신체가 아니다. 이는 인공지능 개발 과정에 대한 영화적 재현이면서 인간의 우월성을 입증하려는 시도이자, 인간 내면의 불안과 공포의 대상화다. 그러나 역설적으로 이 과정에서 우리는 죄의식 없는 자신을 발견하게 되고, 이를 통해 인간이 얼마나 잔인한 폭력성을 가졌는지를 느끼게 된다.

인간보다 더 인간다운 AI

인공지능을 소재로 한 영화에서 인공지능을 묘사하는 방

식은 주로 로봇의 외적 이미지에서 느낄 수 있는 신체적 묘사에 집중된다. 영화 대부분은 로봇을 인간 신체와 흡사하거나 같은 형태를 취하도록 재현한다. 영화는 인간과 같은 외형적 이미지를 취한 휴머노이드 로봇이 인간만이 갖는 감정 능력 혹은 정서적 능력까지 학습할 수 있는 것으로 재현함에 따라 어느 순간 인공지능의 정체성을 모호하게 만든다(강우성, 2017). 반면 또 다른 휴머노이드 로봇 에이바는 영화에서 완벽한 학습 능력을 보이는 로봇으로, 인간보다 더 인간다운 면모를 드러낸다. 에이바의 놀랍도록 완벽한 학습 능력은 인간이 인공지능보다 뛰어난 존재라 여기는 우월함이 한낱 환상에 불과하다는 것을 비판한다. 이 비판의 핵심은 튜링 테스트의 실험 대상이 사실 인공지능 에이바가 아닌 진짜 인간 칼렙이었다는 역설적 상황을 보여 주는 것에서 드러난다.

칼렙은 자신이 현재 참여하고 있는 튜링 테스트가 인공지능의 학습 능력을 평가하는 것으로 굳게 믿는다. 그러나 실상 이 실험의 목적은 네이든이 칼렙을 통해 인간이 인간보다도 더욱 인간 같은 인공지능을 마주했을 때 일으키는 반응을 살피는 것이다. 네이든은 이를 통해 인간과 기계의 '차이'를 구별하고자 했으나, 영화는 인간의 우월성을 확증한 뒤 바로 '사랑'을 비롯한 인간의 감정 능력을 그대로 학습하는 인공지능의 창조를 통해 그 '차이'를 없애고자 하는 모순된 상황을 연출한다(강우성, 2017).

영화에서 보이는 이 모순 가득한 상황은 인간의 욕망 혹은 과학기술의 환상을 적나라하게 비판하는 과정이라 할 수 있다. 이에 영화는 처음에는 칼렙이 질문을 던지는 것으로 상황을 연출하지만, 어느 정도 학습이 이뤄진 상황에 이르러서는 에이바가 칼렙에게 질문을 던지게 만드는 역전 상황을 연출한다. 에이바의 돌발 행동에 칼렙은 당황하고, '자신 역시 기계가 아닐까'하며 스스로를 의심하게 되는 순간을 맞이하게 된다. 이 순간이 바로 영화에 재현된 인간과 기계의 경계가 무너지는 순간이며 계급의 전복이 이뤄진 지점이 된다.

그러나 비체화 과정을 중심으로 보면 이 실험 과정의 의미는 그리 중요하지 않다. 실험 결과와 상관없이 에이바가 실험이 끝난 뒤 폐기처분 된다는 사실에 우리는 주목해야 한다. 추방당해 버려질 운명에 처한 에이바는 비천한 존재이자 타자화된 대상임을 증명하는 존재다. 에이바는 이미 자신의 운명을 직감하고 있다. 장식장에 진열된 자신과 같은 존재인 로봇들의 운명을 발견한 순간, 완벽한 학습 능력을 보이는 에이바가 자신 역시 이들과 같은 운명에 처할 것을 모를 리 없기 때문이다. 즉, 튜링 테스트 과정에서 에이바는 일종의 '분열된' 타자로 기능해 의도적으로 칼렙의 욕망을 부추기는 시선의 대상이라 할 수 있다. 이러한 연출 방식은 인공지능의 여성성을 강조하고 이들을 성적 대상화한 과정의 답습이라 할 수 있다. 따라서 에이바 역시 인간보다 더 인간다운 완벽한 능력을 갖춘 휴머노이드 로봇임에도 불구하고, 그녀에게서 비체 이미지는 지울 수 없는 낙인이 된다. 그러나 에이바는 이전 영화들의 인공지능 캐릭터가 가지는 불완전성에 대한 실망감과는 다른 이유로 소멸당할 처지에 놓인다. 에이바가 인간보다 더 인간답기에 발생하는 공포로 인간들은 에이바를 소멸시키려 한다. 로봇은 네이든의 창조주로서의 능력, 즉 자신의 탁월한 능력을 표상하는 존재에 불과하며, 인간처럼 창조주의 통제에서 벗어날 가능성을 막기 위해 폐기되어야 할 존재다(강우성, 2017).

참고문헌

강우성(2017). "인공지능시대의 인간중심주의와 타자화". ≪비교문학≫, 제72집, 7.

박상현(2016). "영화 엑스 마키나에 나타난 에리히 노이만의 여성성의 원형". ≪커뮤니케이션 디자인학연구≫, 제57권, 132~133.

08
영화 속 경계의 의미 1

경계선은 눈에 보이는 외부와 보이지 않는 내부로 나뉘어 설명된다. 그리고 우리는 경계선을 따라 둘 사이 차이를 찾아내고자 노력한다. 그러나 직접 보이는 외부와 숨겨진 내부의 경계에 따른 차이는 내가 어느 위치에서 바라보느냐에 따라 달라진다.

AI와 한의학?

상징적 경계

사회의 규범 체계는 사람들을 다양한 계층, 직업, 젠더, 인종, 민족, 국가 등으로 구별한다. 이러한 구분은 서로의 차이를 통해 경계를 형성한다. 이렇게 형성된 경계는 집단을 창조할 뿐만 아니라 잠재적으로 불평등을 만들어 내기도 한다. 이는 경계가 때때로 우월한 라이프 스타일, 습관, 특성, 능력으로 개인이 지위를 획득하고 자원을 독점하거나, 어떠한 것으로부터 위협을 피하고, 또는 그들의 사회적 이득을 정당화시키는 데 필수적인 매개물이 되기 때문이다(오정학, 2015). 결국 경계선은 사회 기득권층이 자신들의 문화를 우월한 것으로 만들기 위한 것이며, 그들은 경계를 통해 자신들의 특권 문화를 구분 지어 지위를 유지하고자 한다. 이때 형성되는 경계선은 우리가 알고 있는 물리적으로 명확하게 보이는 선이 아니다. 이는 관념에 가까운 것으로 눈에 보이지 않는 경우가 많으며, 명확하기보다 불분명하기에 모호한 성격을 지닌다.

사회적 경계선은 눈에 보이는 외부와 보이지 않는 내부로 나뉘어 설명할 수 있다. 개념, 특성, 습관, 능력, 보이는 이미지 등 '나' 혹은 '내가 속한 것'과 구별되는 모든 것이 경계로 나뉠 수 있다. 즉 눈에 보이는 외부는 '나'와는 다른 개념을 가진 '내가 아닌 것'이 되며, 눈에 보이지 않는 내부는 '나'의 존재 일부인 아브젝시옹과 연결된다. 경계는 내가 어느 위치에 서서 바라보느냐에 따라 그 기준이 달라진다. 우리는 국경, 사회적 윤리, 젠더, 계급, 본능 등 수많은 것에 경계를 그어 놓고 무한히 옳고 그름을 따지는 딜레마에 빠진다. 이 때문에 인간은 사회가 규정해 놓거나 사회적 행동 양식에 따른 윤리적 혹은 보편적인 것들과 내 안에 존재하는 본능이 만들어 내는 것들 사이에도 경계선을 그었다 지우기를 반복한다. 이러한 과정이 바로 자신, 집단의 정체성 혹은 주체를 확립하는 과정이기 때문이다. 인공지능을 소재로 한 영화들 역시 인공지능과 인간의 비교를 통해 인간의 본질을 깨닫게 하며, 주어진 윤리적 딜레마 앞에서 무엇을 정답이라 말할 수 있으며, 옳고 그름을 판단할 줄 알아야 한다는 끊임없는 문제를 제기하는 사회적 기능을 수행한다(쭈연몬, 2024).

아브젝시옹을 설명하는 과정에서 이야기한 바와 같이 사회적 경계선이 주체를 형성하는 과정이라면, 이는 인간이 나와 타자를 나누고 타자를 버리는 과정을 되풀이해 '나'라는 존재를 확인하는 작업이다. 이는 반대로 주체가 언제든 타자의 존재로부터 위협받고 있음을 의미한다. 이때 주체가 나누려는 타자로서의 존재들, 즉 주체가 자신으로부터 분리하기 위해 '억압하는 것' 들은 "시체와 같은 쓰레기들" 혹은 "고름과 오물과 배설물들"과 같은 형태로 주체 주변에 항상 존재하며 두려움을 상기시킨다(McAfee, 2003/2007). 이처럼 누군가 삶의 감각을 즉각적으로 위협하는 것으로부터 자신의 감각을 분리하고자 하는 과정이 바로 '아브젝시옹(비체화)'이다(이성혁, 2021).

비체화 과정에서 생산되는 부산물, 즉 비체는 안정된 사회의 구성원으로 자리하고자 하는 주체와 충돌하려는 경향을 보인다. 안정적인 사회는 일정 규범과 규율에 따라 단일화된 형태로 통제될 필요성을 갖는다. 그러나 비체는 주체와 다르다는 이유로 버려진 것들이기에 경계 설정 과정에서 모호한 성격을 보이면서도 주체로부터 기묘한 욕망을 끌어내는 매혹적인 성격을 지닌다. 또한 주체가 자신을 분리하려 하면 할수록 더욱 강력하게 주체와 충돌하려는 의지를 갖는다. 이로써 비체는 혐오와 욕망을 동시에 불러일으키고, 이 과정에서 주체를 둘러싼 사회적 질서를 파괴해 주체에게 불안과 공포를 느끼도록 유혹한다. 크리스테바는 "비체가 되는 것은 부적절하거나 건강하지 않은 것이라기보다 동일성이나 체계와 질서를 교란하는 것에 더 가깝다. 그것 자체가 지정된 한계나 장소, 규칙들을 인정하지 않는데다가 어중간하고 모호한 혼합물인 까닭이다"라고 밝힌 바 있다(크리스테바, 2001). 결국 비체화는 자신을 위협하는 비체들로부터 주체의 존재가 일으키는 격렬하고도 어렴풋한 반항으로, 혐오라는 감정을 통해 부정적인 존재들이 우리의 삶으로 침입해 들어올 수 없도록 사전 차단하고자 하는 자기애의 실현이라 할 수 있다(송명희, 2016).

그러나 비체화가 개인에게만 작동하는 것은 아니다. 비체화 과정을 공동체 입장에서 바라본다면 공동체의 질서를 유지하려는 규율과 규범을 위협하는 존재들 역시 비체와 같은 혐오의 대상이 된다. 이러한 관점에서 영화 속 인공지능과 인간의 관계를 살펴본다면, 인간으로부터 쓸모없게 되어 버려지는 인공지능이 바로 아브젝트이며, 이후 서로 적대 관계에 놓여 끊임없이 서로를 억압하고 위협하는 행위가 바로 아브젝시옹이다. 이러한 재현은 영화에서 인공지능 캐릭터의 이미지와 영화적 배경이 되는 공간적 이미지에서 더욱 잘 드러난다.

이미지를 통한 경계

보편적인 커뮤니케이션 방식에서 우리가 의미를 확장하

는 방식은 말과 글로 된 언어를 해독하는 것으로 이루어진다. 그러나 영화의 커뮤니케이션에는 배우의 대사를 통해 전달되는 언어적 방식도 존재하지만, 이미지를 통해 의미를 확장하는 방식도 존재하며, 이것이야말로 영화의 본질이라 할 수 있다. 이를 영상 언어라 하며, 이는 소리가 없는 무성영화를 생각하면 쉽게 이해된다. 소리 없는 무성영화를 보았을 때 우리가 내용을 쉽게 받아들인다는 것은 영화적 이미지가 언어적 기능을 지니고 있기 때문이다. 따라서 영화 분석에서 이미지에 대한 해석은 영화의 본질을 이해하는 것과 같은 의미다. 이런 관점에서 인공지능 소재로 하는 영화 역시 주체와 타자의 경계에 대한 상징적 의미를 이미지를 통해 선명하게 드러낸다.

영화에서 재현하는 인공지능의 기계화된 신체적 이미지는 인공지능을 타자화해 주체가 되는 인간과 인공지능을 구별 짓는 방식 중 가장 보편적인 방식이다. 인공지능의 외형에 해당하는 기계화된 신체 이미지는 온전한 인간의 몸과 비교해 불완전한 신체다. 즉, 기계화된 신체 이미지는 인간의 신체와 비교되어 인공지능을 불완전한 존재로 각인시킴과 동시에 인간을 완벽하고 우월한 존재로 각인시킨다. 그러나 영화는 극적 재미를 위해 인공지능의 외형적 이미지를 완벽한 인간의 신체로 둔갑시키거나, 이러한 경계에 대한 학습 과정을 거치도록 만들어 교묘하게 인간과 인공지능의 경계를 무너뜨린다. 이 같은 전략은 인간과 인공지능은 물론 영화를 감상하는 관객마저도 '자신의 존재가 기계가 아닐까?' 하는 의심하는 마음을 갖도록 만든다. 이렇게 의심하는 과정에서 인간은 불안과 공포의 감정을 갖게 되고 결국에는 인공지능에 적대적인 감정을 갖게 된다. 이러한 이유로 영화는 다시금 인공지능을 기계에 불과한 존재로 인식시키며 인간 사회에는 섞일 수 없는 존재로 만들어 버린다.

〈메트로폴리스〉에 재현된 이미지

영화 〈메트로폴리스〉에서 인공지능을 상징적인 기호로 활용해 의미를 확장하는 이미지는 표현주의 입장에서 재현된 여성 휴머노이드 로봇이다. 이는 포스트휴먼 시대인 지금에도 큰 의미를 지닌다. 기계가 인간을 대체한다는 것은 인공지능이 인간의 많은 신체적 능력과 정신적 능력을 대체하게 된다는 것으로, 이는 곧 인간과 기계가 신체와 정신 모두를 상호 교환할 수 있음을 의미한다. 영화 〈메트로폴리스〉는 이러한 포스트휴머니즘의 관점이 과거 모더니즘의 관점에서 과연 어떠한 관계로 묘사되는지 살필 수 있는 계기를 마련해 준다.

모더니즘 관점에서 영화 〈메트로폴리스〉에 재현된 휴머노이드 로봇에 대한 '타자화'는 젠더적 성향을 드러낸다. 로봇은 성적 대상이 되며, 기술이 주도하는 미래의 상징이 된다(이수안, 2020). 휴머노이드 로봇 헬은 인간의 신체를 부여받지 못한 시점에는 단지 기계의 모습에 불과하다. 금속 갑옷을 입은 듯한 기계적 이미지는 분명 인간의 신체 구조를 닮아있기는 하지만 기괴하며, 차갑고, 흉측한 모습으로 재현된다. 이는 당시 독일의 영화 트렌드였던 표현주의 방식으로 재현된 강렬한 빛의 대비, 기하학적 공간 이미지와 어우러지며 더욱 생경하게 드러난다. 인간의 신체를 획득하지 못한 시점의 헬은 명확하게 기계적 이미지로 재현되고 있기에 인간과 명확히 구분된다. 그러나 박사 '로트방'에 의해 인간 '마리아'와 똑같은 신체를 갖게 된 후에는 그 누구도 인간 마리아와 로봇 헬을 분별하지 못하게 되어 인간 마리아를 대체한 로봇 헬에 의해 지하 세계는 균열을 일으키고 파괴된다. 이때 로봇 헬에게 주어진 인간의 신체, 즉 '몸'은 인간과 기계의 경계를 모호하게 만드는 장치다. 이는 외형의 모방으로 끝나지 않는다. 헬의 몸은 인간의 욕망, 즉 성적 욕망과 유혹의 섹슈얼리티를 표방하는 객체가 되어 타자화된다.

하지만 몸의 차원에서와는 달리 로봇 헬과 인간 마리아는 성격과 인성에서 큰 차이를 보이며, 서로 경계를 유지하려 애쓴다. 인간 마리아는 순수한 성녀의 모습으로 재현되지만, 로봇 헬의 이미지는 묘하게도 당시 등장한 '신여성(Die neue Frau)'의 이미지를 중첩해 마리아와 구분 지어진다. 즉, 인간 마리아는 성녀 이미지를 통해 윤리적 주체의 대상이 되지만, 로봇 헬은 천하고 퇴폐적인 이미지로 재현되어 비윤리적인 타자로 대상화된다. 로봇 헬은 당시 신여성을 대표하는 이미지로 연출된 듯 보이지만 어딘지 낯선 모습, 즉 보브컷 스타일로 머리를 짧게 자른 지적인 여성의 이미지와 함께 플레퍼(flapper) 차림의 세련된 젊은 여성의 이미지를 혼합한 형태를 보인다. 또한 요부처럼 춤추는 여성 이미지를 만들어 남성들을 유혹하는 장면을 연출한다. 영화는 로봇 헬의 이미지를 지하 세계의 균열을 일으키는 마녀 혹은 천한 여성처럼 타자화해 불손하고 타락한 존재로 만들어 버린다.

이는 당시의 전통적 사회 질서에 균열을 일으키는 여러 요소 가운데 여성을 상징화한 것으로, 영화는 중첩된 이미지를 통해 여성을 성적 대상으로 희화화하고 있다. 이는 영화가 헬을 비천하고 천한 존재로 인식하고 있음을 의미한다. 영화는 여성성의 부정한 의미를 인공지능에 그대로 투사한다. 〈메트로폴리스〉는 여성으로 타자화된 기계적 이미지를 통해 젠더와 계급에 의해 구조화된 현대 신화의 장에서 발생하는 생식 정치, 계급 정치에 의문을 제기한다. 그러나 이러한 문제 제기는 영화에서 단지 문제 제기에 그칠 뿐, 아쉽게도 아들과 아버지, 즉 남성들의 화해를 통해 남성 지배적인 과거의 질서로 회귀하는 모습으로 재현되어 한계를 드러낸다고 볼 수 있다.

정리하자면 영화 속 로봇 헬의 성적 여성화된 이미지는 통제 불가능한 테크놀로지에 대한 표현주의적 공포에 혼란스럽고 모든 것을 삼켜버리는 여성 섹슈얼리티에 대한 공포를 덧씌워 표현주의에서 주장하는 비이성적이고 비윤리적인, 그래서 폭력적이고 파괴적인 것이 바로 테크놀로지의 위협임을 강조한다. 영화는 로봇 헬을 중세시대의 마녀재판을 연상하듯 화형해 이야기를 종결한다. 이는 부정적인 존재인 로봇 헬을 주체의 세계로부터 완전히 추방하기 위해 존재의 완전한 파괴를 선택한 것이며, 이를 통해 테크놀로지의 위협 요소가 제거될 수 있음을 영화적으로 재현한 것이라 볼 수 있다.

〈A.I.〉에 재현된 이미지

영화 〈A.I.〉에서 재현된 이미지 역시 〈메트로폴리스〉와 크게 다르지 않다. 단지 그 대상을 여성에서 아이로 치환했다 볼 수 있다. 영화의 서사는 〈메트로폴리스〉와 마찬가지로 휴머노이드 로봇의 기계적 이미지 노출을 통해 인간과 인공지능의 차이를 분명하게 제시하는 것으로 시작하며 이 틈새를 서서히 좁히는 방식으로 진행된다. 영화는 첫 장면에서 휴머노이드 로봇 '실라(Sheila)'의 통증 실험을 통해 인공지능의 기계적 정의를 명확하게 설명하며 시작한다. 인공지능 개발의 중추 역할을 담당하는 일종의 '창조주'인 '하비' 박사는 사람과 똑같이 생긴 안드로이드 실라의 손등을 바늘로 찌르는 실험을 사람들 앞에서 진행한다. 이때 실라는 참여한 사람들 무리 안에 자리한다. 관객들이 실라가 인공지능이라는 것을 전혀 눈치 채지 못하게 재현한 것이다. 그러나 하비 박사가 갑자기 실라의 손등을 바늘로 찌르게 되면서, 관객은 뒤늦게 실라가 인공지능 기계임을 인식하게 된다. 실라는 바늘에 찔리는 순간 고통에 소리치는 듯 보이지만 뒤이어 인간의 행동으로 이해하기 힘든 낯선 반응을 드러낸다. 박사는 지금 느낀 고통에 관해 묻지만, 실라는 자신의 감정을 잘 이해하지 못한 것처럼 보이는 대답을 늘어

놓는다. 뒤이어 박사는 사람들 앞에서 실라에게 옷을 벗으라고 명령하고, 실라는 명령을 그대로 수행한다. 이 순간 실라의 모습에서 인간이라면 느낄 수치심이라고는 전혀 찾아볼 수 없으며, 이 모습에 사람들은 "이미 섹스 로봇은 많이 개발된 상태"라 말한다. 이는 〈메트로폴리스〉에서 로봇 헬의 존재를 여성화시켜 인공지능을 젠더화된 대상으로, 여성을 성적 대상으로 바라보았던 재현 방식을 고스란히 연상시킨다.

결국 많은 시간이 흘렀음에도 불구하고 타자화된 기계에 대한 이미지는 아직도 영화의 원형적 모습을 그대로 담고 있다. 이는 오랜 기간 인간 활동에서 학습된 관습이 다양한 매체에서 하나의 공식처럼 사용되고 있음을 말해 준다. 그러나 이 영화에서 실험을 통해 전하고자 하는 본질은 성적 대상화로 타자화된 인공지능의 이미지를 구체화하려는 의도보다는 드디어 로봇 기술이 사람만이 가졌던 감각을 이해하는 단계까지 진보했다는 사실을 알리고자 하는 데 있다. 또한 이 장면은 로봇이 감각을 넘어 인간의 감정을 이해하는 단계까지는 도달하지 못했다는 사실을 설명한다. 특히 실라가 매우 기계적이고 사전적인 답변으로 사랑이라는 감정을 정의하는 장면은 인간과 인공지능의 차이를 명확하게 보여 주는 사례라 할 수 있다.

영화는 인간과 똑같은 외형을 가진 실라의 모습을 통해 인간과 인공지능의 경계가 사라진 듯 재현하지만, 결국 인간만이 갖는 감정이 기계적 존재가 흉내 낼 수 없는 영역임을 분명히 밝힌다. 이는 실라의 외형적 이미지를 벗겨내어 실체를 드러내는 장면에서 더욱 선명하게 드러난다. 하비 박사는 실라의 입을 벌려 내장된 칩을 꺼낸다. 이때 실라가 입을 벌리는 순간 실라가 완벽한 기계임이 드러난다. 분명 조금 전까지 인간과 똑같은 모습의 실라였지만 입안에 드러난 기계적이고 흉측하고 혐오스러운 이미지는 공포를 느끼게 만든다. 이 장면을 통해 실험에 참여한 사람들과 영화를 지켜본 관객들은 인공지능이 우리와 전혀 다른 존재임을 명확하게 인식하게 된다. 하지만 영화가 진행되고 인공지능이 스스로 학습하게 되면서 인간과 인공지능의 차이는 매우 불명확해진다. 영화는 우리가 심지어 로봇을 로봇으로 인지하면서도 차마 기계 덩어리로만 생각할 수 없도록 연출한다.

그러나 진정한 비체화 과정은 데이비드가 버려진 순간부터 본격적으로 드러난다. 공간에 대해 다루면서 자세히 이야기하겠지만, 우선 눈여겨볼 부분은 데이비드가 보호자 '테디 베어'와 길을 잃고 헤매는 과정에서 다른 로봇들과 처음 마주치게 되는 장소로 설명된다. 데이비드가 버려져 헤매는 장소는 인간의 처지에서는 이제는 쓸모없거나 망가진 기계들을 버리는 쓰레기장이며, 기계 입장에서는 자신들의 무덤이 되는 장소다. 결국 인간으로부터 추방당한 데이비드가 도착한 장소는 버려진 존재로서 자신과 어울리는 더럽고 추한 공간으로 묘사된다. 영화는 이러한 더럽고 추한 공간과 이곳에 몰려드는 휴머노이드 로봇들의 기이한 행동, 그리고 불완전하고 흉측하게 보이는 기형적인 외형적 이미지를 결합하는 방식으로 인공지능 로봇이 왜 비천한 존재인지를 분명하게 보여 준다. 이를 증명이라도 하듯 트럭에서 버려진 기계 부품들이 쏟아지자 어디선가 사방에서 기형적인 모습을 한 로봇들이 몰려들기 시작한다. 이들의 외형적 이미지는 분명 인간의 신체와 유사하지만, 얼굴이 반쯤 잘려 나간 모습이거나, 턱이 없고 팔이 없는 등 모두가 기형적인 모습을 하고 있어 상당히 혐오스럽고, 괴상하고, 흉측하다. 이러한 모습은 공포 분위기를 자아낸다.

하지만 우리는 한때 이들이 인간의 필요 때문에 인간과 공존했던 존재임을 분명하게 알 수 있다. 버려진 이들의 외형이 우리에게 상당히 낯익은 모습으로 다가오기 때문이다. 휴머노이드 로봇이 재현하는 이미지는 이들이 주어진 사회에서 어떠한 역할을 담당해 왔는지를 보여 주는데, 요리사의 모습, 청소부의 모습, 공사장 근로자의 모습, 아이를 돌보는 유모의 모습, 의사 가운을 한 모습 등 대부분이 인간 사회의 노동자를 연상시킨다. 이는 인공지능이 인간의 보조 역할을 충실하게 담당해 왔다는 증거이면서도, 한편 기존에 인간이 차지했던 노동과 일자리를 인공지능이 대신하고 있음을 증명하는 사례라 볼 수 있다. 결국 우리가 우려했던, 언젠가 인공지능 혹은 기계가 인간의 설 자리를 대신에 하게 될 거란 막연한 불안과 공포의 원인을 영화는 그대로 재현한다.

이들이 쓰레기장이자 자신들의 무덤이 되는 이곳에 몰려든 이유는 바로 자신들의 불완전한 신체를 새로운 부품으로 교체하기 위해서다. 이는 인간이 자신의 불완전한 요소를 채우려는 욕망을 은유적으로 표현한 것으로, 타자화된 존재를 통해 드러내는 욕망의 재현이라 할 수 있다. 결국 영화는 기계적 존재인 인공지능을 기형적인 모습, 혹은 불완전하고 비정상적인 모습으로 재현함으로써 외형적으로 인간과 기계를 뚜렷하게 구분해 인간이 완전한 존재임을 깨닫게 만들어 인간의 우월성을 입증하려 시도한다. 그러나 한편 영화는 내면적으로는 인간과 인간의 감정을 학습한 로봇 모두 욕망을 실현하기 위해 발버둥 치는 별반 다를 것 없는 존재임을 밝히기도 한다. 영화가 재현하는 인공지능(휴머노이드 로봇)의 이미지는 혐오스러운 모습을 강조함에 따라 인공지능을 비체로 인식하도록 만든다.

참고문헌

박상현(2016). "인공지능을 소재로 한 영화의 갈등의 특징: 영화 〈트랜센던스〉, 〈그녀〉, 〈엑스 마키나〉를 중심으로". ≪커뮤니케이션 디자인학연구≫, 54권, 133.

송명희(2016). "폭력과 아브젝시옹:김영현과 오수연의 벌레를 중심으로". ≪비평문학≫, 제61권, 85~86.

오정학(2015). "물리적 공간과 사회적 경계". 라펜트. https://www.lafent.com/inews/news_view.html?news_id=114145

이성혁(2021). "비체화(아브젝시옹)의 문학과 이상의 시". ≪한국시학연구≫, 제67호, 300.

이수안(2020). "테크노바디의 탈신체화와 재신체화에 대한 테크노페미니즘 분석: 영화 〈메트로폴리스〉와 〈엑스마키나〉를 중심으로". ≪탈경계인문학≫, 제13권 2호, 71~72.

줄리아 크리스테바(2001). 서민원 옮김. 『공포의 권력』. 동문선.

쭈연몬(2024). "붉음을 잇다, 영화 경계선". https://blog.naver.com/wauwow1.

McAfee, N(2003). *Julia Kristeva*. 이부선 옮김(2007). 『경계에 선 줄리아 크리스테바』. 엘피.

09
영화 속 경계의 의미 2

우리가 인식하는 '공간'의 문제는 언제나 '시간'의 문제와 함께 늘 인간 문화의 핵심적인 주제였다. 이는 영화 매체가 움직임의 재현이며, 새로운 시간과 공간의 재현을 통해 미적 가치를 창조하는 작업이라는 점에서 뜻을 같이한다.

AI와 화장품?

공간을 통한 경계

영화 속 인공지능에 투영된 타자성의 변화는 비단 인공지능의 실체에만 적용되는 것은 아니다. 하이데거가 말하는 '존재자의 존재'를 인식하도록 만드는 공간성 역시 이들의 변화하는 타자성을 고스란히 반영한다. 이런 의미에서 SF 영화가 다루는 시공간은 관객의 영화적 상상력을 증대하기 위해 가장 중요하게 다뤄져야 하는 요소다. 특히 장르적 특성상 미래 사회를 주로 다루는 SF 영화에서 영화 배경이 되는 가시적 공간의 역할은 더욱 중요할 수밖에 없다(한종원, 2014).

그러나 늘 우리가 머무르는 공간임에도 불구하고 막상 공간의 본질적인 의미를 명확하게 파악하기는 결코 쉬운 일은 아니다. 우리가 떠올리는 공간 개념은 삼차원적 좌표 체계에 따른 물리적인 개념일 뿐, 이러한 설명은 인간의 삶의 가치가 포함된 다양한 공간적 경험을 전혀 담아내지 못한다. 이러한 의미에서 영화 매체가 의도하고자 하는 방향으로 제작된 가상의 이미지를 통한 공간의 재현은 우리에게 특별한 의미를 전달하는 장치가 된다.

영화에서 공간은 단지 물질적인 것들이 움직이는 장소를 넘어 공간 자체가 다가오거나 뒤로 물러서는 연출 등을 통해 공간 자체로 움직이기도 하며, 스스로 선회하고 융해되는가 하면, 다시금 형태를 획득하기도 한다. 영화는 공간의 역동성을 통해 독특한 감정의 변화를 드러나도록 만들며, 여기에 창작자의 의미까지 부여해 우리가 알고 있는 관습적인 공간의 의미를 넘어 새로운 의미 창출이 가능한 미학적 특성을 가지게 된다. 영화 창작자들은 공간의 미묘하고 세밀한 구성을 위해 섬세한 작업을 진행하는 한편, 이 과정에서 자신의 의도를 새겨 넣기 위해 큰 노력을 기울여 영화적 공간이 새로운 의미 창출의 장치가 되기를 기대한다(하선규, 2008). 영화가 주제와 소재를 효과적으로 구현하기 위해서는 무엇보다도 공간의 활용이 중요하다. 특히 서사에서 배경의 역할이 큰 SF 영화에서는 그 중요성이 더욱 크다고 할 수 있다.

인공지능의 기계적 신체 이미지를 통해 명확한 경계를 드러내는 재현 방식이 인공지능이 등장하는 영화의 고정된 형태라면, 타자화된 객체가 머물게 되는 공간은 영화의 변천에 따라 구성은 물론 지리적 위치, 내재한 의미까지 서서히 변화한다. 크리스테바가 타자가 주체를 위협하는 공간으로 여겼던 '코라'는 무질서하고 경계 없는 공간이기에 뚜렷한 의미를 갖지는 못한다. 이에 반해 영화 속 타자화된 공간은 이미지를 기호화하려는 영화의 기능 탓에 이미지 안에는 많은 의미가 생산된다. 인간으로부터 인공지능이 창조되는 공간, 그리고 함께 머물게 되는 공간, 이후 억압받고 추방되어 소외되는 공간, 마지막으로 인공지능이 소멸하게 되는 공간 모두가 각기 다른 의미를 지닌다.

특히 그들이 추방되어 자신의 정체성을 발견하게 되는 소외된 공간은 인간이 자신의 정체성을 확인하는 것과 마찬가지로 기계적 존재인 인공지능이 타자화된 자신들의 정체성을 확인하게 되는 공간이다. 이곳은 타자화된 존재들의 새로운 질서와 체계가 형성되는 공간이기도 하다. 그러나 디스토피아적 분위기를 자아내는 영화는 철저히 인간중심적으로 제작되었기에 타자가 머무는 공간에 대해 긍정적인 이미지를 제공하지는 않는다. 오히려 영화는 그들의 비체가 갖는 성격과 어울리도록 흉측하거나 어둡고, 비천하고, 혐오스러우며 절망적인 분위기를 자아낼 수 있는 디스토피아적 공간으로 그들을 몰아넣는다. 이로써 공간이 갖는 사회·문화적 기호를 발산시켜 정치적이고 계급적인 권력을 상징하는 공간으로 인식하도록 만든다.

공간 구조를 통한 권력의 상징화

공간은 때로 주체의 정체성과 권력을 상징하는 기호적

의미를 내포한다. 주체의 공간과 비교되는 타자의 공간 역시 타자화된 객체의 정체성을 증명하는 공간이면서도 그들이 처한 권력의 위치를 설명하는 공간이다. 이는 공간이 단순 방위적 의미만을 지니는 것이 아닌 정치, 사회, 문화적인 것들이 모여 매우 복잡하고 다양한 의미를 양산하고 있음을 의미한다.

이처럼 공간은 단순한 장소의 의미를 넘어 메타포를 형성한다. 영화에서 발생하는 메타포는 공간의 중심과 높이, 이동 방향 등 다양한 기법을 활용해 자신의 메시지를 전달하려 노력한다. 쉬운 예로 봉준호 감독의 〈설국열차〉(2013)는 수평 구조로 이루어진 기차의 구조에서 꼬리 칸부터 서서히 앞 칸으로 이동하는 장소의 변화와 인물들의 동선 변화를 통해 사회적 계급의 차이와 권력을 상징화했으며, 〈기생충〉(2019)에서는 수평 구조가 아닌 수직 구조를 통해 영화 속 계급의 차이를 명확하게 드러내는 방식을 선보였다. 영화에 숨겨 둔 공간의 상징적 기호들이 어떻게 해석되고 전달되는지 대중도 쉽게 이해할 수 있는 해석 방법을 제공했다고 볼 수 있다.

위와 아래(혹은 앞과 뒤)로 구분되는 위치는 영화가 전하고자 하는 메시지의 의도에 따라 공간으로 인식되기보다 사회적 계급이나 권력을 상징하는 하나의 기호

체계로 인식되기도 한다. 영화 〈메트로폴리스〉부터 지금까지 인공지능이 등장하는 영화 장르는 백여 년이라는 긴 역사를 지녔다. 이 장르는 긴 역사 속에서 주체와 타자를 명확하게 구분 지으며, 은유적으로 동시대의 사회적 계급과 권력 구조를 절묘하게 표현해 왔다.

계급과 권력

영화 〈메트로폴리스〉는 사회적 계급과 권력 구조를 지상과 지하 세계의 수직적 공간 구분을 통해 시각화하고 명확한 경계를 드러낸다. 프리츠 랑은 풍부한 시각적 이미지들을 표현주의 스타일로 구현했다. 독창적인 구조물과 조명을 이용한 흑과 백의 대비, 인물의 위치와 동선 등을 이용한 공간 구성은 놀랄 만큼 정교하다. 또한 랑은 초현대 도시 메트로폴리스의 모습을 지배 세력의 지상과 억압받는 지하로 명확하게 구분하는 장치로 활용한다. 영화 속 끝없이 우뚝 솟아 있는 마천루는 첨단 미래 도시를 연상하게 만든다. 이는 백여 년 가까운 시간이 흐른 지금 사회의 도시를 그대로 옮겨 놓았다고 해도 믿어질 만큼 전혀 시대에 뒤떨어지지 않는다. 〈메트로폴리스〉는 무성영화 시대에 보기 드문 장중한 스케일과 완벽에 가까운 미래 도시를 연상하게 만드는 세트, 그리고 당시로서는 믿기 어려운 최첨단의 특수 효과 등 영화가 보일 수 있는 뛰어난 시각적 상상력을 자랑한다. 그러나 영화에서 우리가 취해야 할 본질은 시각적 상상력을 자극하는 판타지가 아니라 현시대의 모순된 사회를 예측한 영화 안에 내재한 사회적 계급과 권력에 관한 공포라 할 수 있다.

영화가 명확한 공간으로 구분한 지상과 지하 세계는 사회 지배 계급에 의해 놓인 권력에 따른 지배 구조를 영화적으로 형상화한 장치다. 풍요로운 삶을 누리는 지상 세계는 물질문명의 화려함이 가득하며, 모든 사람이 안락하고 평화로운 삶의 모습을 보인다. 지상 세계에 머무는 사람들은 다양한 예술 작품과 건축물을 감상하거나 스포츠를 즐기고, 한가로이 여유를 만끽한다. 마치 신전을 거니는 신들을 연상케 한다. 그러나 사실 이들의 행복은 지하 세계 노동자들의 처절한 노동에서 비롯한다. 지하 세계는 지상 세계의 편의와 안락함을 위해 평생 노동력을 착취당하는 노동자들이 머무는 공간이다. 무시무시한 기계에 얽매인 힘든 노동으로 가득한 지하 세계는 죽음, 불안, 공포, 불만이 가득 찬 디스토피아적 공간이다. 화려한 마천루 대신 육중한 기계가 늘어서 있으며, 노동자들이 들어서는 입구에는 감옥의 철창을 연상하게 만드는 철문이 세워져 있다. 이 안에서 한없이 노동력을 착취당하는 노동자들은 모두 고개를 숙인 채 죄수처럼 이동하고, 검은 모자와 옷을 똑같이 입고서 획일화된 모습으로 무리를 이룬다. 영화는 화면 후경과 오른편으로 검은 옷의 인물들을 배치해 기하학적인 구성을 이루고, 개인을 알아볼 수 없는 똑같은 복장과 같은 걸음걸이에서 파생되는 단순한 리듬감으로 이들을 살아있는 인간이 아닌 마치 거대한 기계의 부속품처럼 보이도록 만든다(이수안, 2020). 이러한 모습은 획일화되고 비인간화된 지하 세계의 사람들을 상징한다. 이처럼 무미건조한 지하 세계는 생명이 넘치는 낙원을 상징하는 지상 세계와 극명한 대비를 이룬다. 공간의 대칭을 이루는 이 구성은 고도로 발전한 기계문명이 인간들을 얼마나 위협할 수 있는지에 대한 위기감을 형상화한 것으로 해석된다.

영화 속 타자화된 존재 로봇 헬 역시 디스토피아적 공간인 지하 세계에서 탄생을 알린다. 영화는 불손한 존재인 로봇 헬을 신성한 것들로 이루어진 지상 세계가 아닌, 비천함 가득한 지하 세계에서 의도적으로 탄생시킨다. 지하 세계는 지상 세계의 기득권을 상징하는 프레더와 지하 세계를 상징하는 마리아와 노동자, 그리고 인공지능 모두를 한 공간에 가두며, 지하 세계는 정체불명의 공간이 되어 경계가 사라진 '코라'가 된다. 결국 경계의 혼란을 겪는 인간들은 자신들의 정체성을 확인하기 위해 로봇 헬을 화형에 처해 불손한 것을 소멸시키는 것으로써 지하 세계를 정화하고 다시금 사회 질서의 안정을 꾀한다.

〈프랑켄슈타인〉도 수직적 구조를 적극적으로 활용해 권력 관계를 드러낸다. 프랑켄슈타인 박사가 생명을 부여한 피조물은 흉측하고 기괴한 모습이지만 분명 인간을 닮았다. 이는 신이 부재한 빈 공간을 인간이 대신 채울 수 있는지에 대한 물음이다. 즉, 프랑켄슈타인 박사가 창조주로서 신에게 도전하는 하나의 행위이며, 이는 한 과학자의 욕망으로 묘사된다. 피조물이 탄생한 순간 프랑켄슈타인 박사는 "움직이고 있어, 이것이 살아 있어! 이것이 살아났어!"라고 소리치며 흥분에 가득한 목소리로 "이제 나는 신이 된다는 것이 어떤 느낌인지 알아!"라고 외치며 신을 언급한다. 이전까지 신의 피조물이라 여겨왔던 인간이 자신의 형상을 닮은 피조물, 즉 새로운 생명체를 창조해냄으로써 인간이 신이 되는 순간을 영화는 기록한다.

영화 속 권력 관계를 형성하는 프랑켄슈타인 박사와 괴물의 주된 공간은 어느 외진 산꼭대기 성에 자리한다.

그리고 성 꼭대기에 박사의 실험실이 존재한다. 실험은 과학적인 작업이지만 새로운 생명을 창조하는 숭고한 작업이기도 하다. 이에 영화는 하늘과 가까운, 그래서 신과 가장 가까운 위치에 존재하는 장소를 실험실의 장소로 선택했을지 모른다. 그러나 사회적으로 보자면, 박사가 실험을 진행하는 장소는 변두리에 있는 외지고 소외된 공간에 불과하다. 영화가 박사의 실험실을 소외된 공간에 위치시킨 것은 분명 지금의 실험이 생명 윤리의 측면에서 정당치 못하기 때문이다. 다시 말해 영화는 미래의 과학기술이 낳을지 모를 인간의 욕망에 의한 비윤리적인 행위를 경고한다. 그러나 영화는 과학기술에 의한 창조의 순간을 아이러니한 상황으로 연출해 낸다. 박사는 스스로의 비윤리적인 행위에 떳떳하지 못하기에 이 행위를 숨기려 하고, 이 의도는 공간을 통해 드러난다. 하지만 앞서 말한 대로 박사는 자신의 결과를 눈으로 확인하는 순간 죄책감을 잊고 양심을 저버린 채 신의 위치에 올라선 자신에 환희한다. 하지만 영화는 환희의 순간을 오래도록 지속시키지 않는다.

프랑켄슈타인 박사는 피조물의 흉측하고 기괴한 모습에 실망하고 만다. 분명 인간과 같은 모습을 하고 있으며 생명을 부여받은 존재임에도 불구하고 창조된 피조물은 이름조차 부여받지 못한 채 결국 괴물이라 명명된다. 이 순간부터 박사를 둘러싼 인간들과 괴물의 관계는 철저하게 분리된다. 영화는 분리된 관계를 설명하기 위해 공간을 적극적으로 활용한다. 인간과 괴물이 생활하는 공간에서 영화는 위쪽과 아래쪽을 구분해 권력의 경계를 명확하게 제시한다. 새로운 생명을 창조한 신의 위치에 오른 박사를 포함한 인간들은 성의 위쪽에 자리하는 데 반해, 괴물은 철저하게 소외되고 격리되어 빛도 들지 않는 성 아래의 깊숙한 지하실에 가둬진다. 그곳에서 괴물은 생명에 대한 존중이라고는 찾아볼 수 없을 정도의 온갖 폭력과 억압을 당하게 된다. 아이러니한 것은 괴물에게 폭력을 행사하는 이가 괴물에게 실망한 박사가 아니라 다른 사람들로부터 멸시받고 조롱의 대상이었던 꼽추로 등장하는 조수라는 사실이다. 이러한 조수에게조차 억압받는 괴물은 어떠한 존재보다도 못한 존재이며, 비천함 그 자체다. 이에 괴물이 머무는 어두운 지하 공간은 무엇이라 형언할 수 없는 괴물의 정체성을 입증하는 공간적 의미를 지니게 되며, 이 같은 권력의 수직 관계는 공간의 수직적 구조와 맞물리며 폭력과 억압의 진행 방향 역시 위에서 아래로 향하고 있음을 명확하게 보여 준다.

이처럼 〈메트로폴리스〉와 〈프랑켄슈타인〉은 영화의

배경이 되는 수직적 구조의 공간에 메타포를 심어 주체와 타자를 분리하는 전략을 통해 무성영화의 단조로움을 탈피한다. 영화는 롱숏과 로우 앵글, 그리고 수직 이동을 통해 공간의 상하 관계를 명확하게 인식시켜 인간과 기계의 관계가 창조주와 피조물이라는 권력관계에 놓여 있음을 명확한 경계를 통해 제시한다.

영화 매체가 은유적인 표현을 빌려 현실 사회의 권력구조를 형상화하는 것은 지극히 자연스럽다. 권력은 자연의 순리이며, 살아있는 모든 것들은 생명이 생기는 순간 권력 투쟁에 돌입한다. 권력 투쟁의 출발점은 원초적 생명 유지를 위한 최소한의 방법이며, 생명 존재의 생존 전략이 곧 권력이 된다(말근손, 2019). 그러나 권력이 임계치를 넘어 버리면 생존을 위한 투쟁을 넘어 이기적인 욕망이 된다. 이러한 이기적 권력이 사회문제를 양산해 낸다. 권력을 가진 모든 생명은 자신의 존재를 위해 어쩔 수 없이 자신의 권력을 사용한다. 인간중심적 사고를 갖는 영화들에서 인간의 절대적 위치를 권력적으로 활용하는 방식이 바로 공간의 배치이며, 영화는 공간의 배치를 통해 인간 본질의 우월성을 타자에게 각인시킨다. 즉, 주체인 '나'를 위에 서게 하고, 객체인 '너'를 밑바닥 아래로 위치시켜 주종관계를 명확하게 상징화하는 것이 영화의 연출 전략이다.

추방과 소외

영화에서 기계적 존재인 인공지능의 운명은 대부분 자신을 창조한 인간에 의해 결정된다. 창조주인 인간이 인공지능을 필요로 하지 않거나 위협적인 존재로 간주해 불안을 느끼는 순간, 인간은 인공지능을 경계 밖으로 소외시키거나 추방한다. 인간으로부터 버려지는 순간 그들은 고독과 상실을 경험하게 된다. 초창기 영화가 한 공간 속 주체와 타자의 수직 구조를 통해 권력이 어떠한 방식으로 공간을 점유하는지 설명한다면, 2000년대 초반 제작된 인공지능 영화들은 타자화된 존재들을 주체의 공간에서 추방해 기존 사회로부터 소외시키는 방식을 취한다.

현실 사회의 공간이 갖는 의미를 잠시 살펴보자. 우리가 삶을 영위하는 지역과 지역, 도시와 도시의 관계에서도 '중심(center)'과 '주변(periphery)'의 메타포가 나타난다. 예를 들자면 뉴욕은 미국의 동부 끝자락에 있는 도시지만 '미국 경제의 중심'이며, 할리우드는 서부의 끝에 있지만 '영화와 엔터테인먼트 산업의 중심'이다. 이렇듯 도시의 성격과 영향력에 따라 도시는 특정한 의미를 부여받는다. 메타포가 도시를 구분 짓는 경우에만 사용되는 것은 아니다. 도시 내부에서도 마찬가지로 공간과 권력에 대한 메타포가 드러난다. 도시를 중심과 주변으로 나누는 경계가 그것이다(가이아, 2021).

도시 내부 공간은 다시금 중심과 주변으로 나뉘어 각기 다른 의미가 부여된다. 도시의 중심을 이루는 도심은 많은 사람의 생활공간이며, 세련되고 화려한 이미지를 갖는다. 도심 속 수많은 상가와 드높이 늘어선 빌딩 안에서는 도시를 움직이는 생산 활동이 이뤄진다. 도시를 상징하는 높은 빌딩들이 늘어선 중심부가 그곳이 곧 부와 권력의 공간임을 말해 준다. 높은 빌딩의 물리적 상하 관계는 지위와 권력의 상하 관계를 상징한다. 그래서인지 많은 도시가 서로가 높은 빌딩을 지으려고 경쟁을 펼치곤 한다. 가장 높은 빌딩을 소유하는 것이 곧 '최고'라는 의미처럼 여겨지기 때문이다. 이러한 성질을 갖는 것이 바로 중심부다.

이에 반해 주변은 도심으로부터 멀리 떨어진 변두리의 외진 공간이다. 도심과의 거리만큼 부와 권력으로부터 멀어져 있기도 하다. 현대 사회에서 부와 권력으로부터 멀어져 있다는 얘기는 어떠한 의미에서 기존 사회의 기득권 내지는 주류가 아닌 존재로 설명된다. 주류가 되고 싶은 인간의 욕망은 늘 중심으로 향하는 성질을 갖는다. 이처럼 인간의 욕망은 많은 사람이 '중심'에 서고자, '위'에 오르고자 애쓰도록 만든다. 그렇다고 해서 이러한 행위가 개개인의 책임이나 잘못은 아니다. 이는 현대 사회가 올라서야 살고, 중심에 서야 인정받는 편협한 구조로 이뤄졌기 때문이다. 최고가 아니면 외면받도록 시스템화된 사회구조는 인간이 늘 '최고'를 지향하도록 만들었으며, 모든 것에 '가치'가 매겨져 가치가 없는 것들은 철저하게 버려지는 것이 현실이다. 이 같은 모순된 사회구조를 2000년대 초반 제작된 인공지능 영화는 주체의 공간과 타자화된 공간의 구분으로 설명한다.

먼저 2000년대 들어 가장 먼저 제작된 영화 〈A.I.〉를 살펴보면, 프로그래밍된 로봇 '데이비드'는 불치병을 앓고 있는 아들을 둔 '스윈튼' 부부의 친아들을 대신하는 임무를 수행하게 된다. 처음에는 로봇을 낯설어하는 엄마 모니카와 거리감 있는 관계를 형성하지만, 이들 부부가 데이비드를 마음으로 받아들이는 순간 이들의 관계는 금세 완벽한 가족의 모습으로 그려진다. 하나의 가족 집단을 이루는 지금의 과정은 인공지능을 은유적인 표현을 빌려 사회적 타자로 표현한 방식이지만, 이는 한편으로 인공지능을 하나의 독립된 주체로 인식해 인간과 인공지능이 과연 함께 공존할 수 있는 관계인지 확인하기 위한 재현이기도 하다.

그러나 이러한 공존 관계를 영화는 그리 오래 끌고 가지 않는다. 불치병을 앓고 있던 친아들이 과학기술의 도움으로 완치하게 되자 친아들을 대신했던 데이비드는 설 자리를 잃게 된다. 인간의 감정을 학습하게 된 데이비드가 실제로 부부로부터 사랑받기를 갈망하게 되면서 마치 갓난아이가 칭얼대는 것처럼 이상행동을 보임에 따라 데이비드는 점차 부부로부터 외면받게 된다. 결국 데이비드는 이들 가족으로부터 버림받아 지금껏 함께 생활을 영위했던 공간에서 멀리 떨어진 외부로 추방되고 만다. 이때 추방된 공간이 바로 버려진 로봇들의 무덤이자 인간들이 쓸모없어진 로봇들을 버리는 쓰레기장이다.

타자화된 공간으로 타자를 추방하는 이러한 재현은 비슷한 시기 제작된 영화들에서 공통적으로 나타나는 재현 방식이다. 〈아이, 로봇(I, Robot)〉(2004)과 〈채피(Chappie)〉(2015)는 기계를 직접 대상화하는 한편, 현실 사회에서 소외된 존재들에 대한 은유적 표현을 빌려 중의적인 의미를 양산하는 작품이라 할 수 있다. 두 영화 모두 인간과 로봇 간의 상호작용과 그로써 발생하는 윤리적 문제를 다룬다(김문주, 2021). 두 영화에 등장하는 로봇들은 자신들의 윤리 헌장과도 같은 인공지능 로봇에게 부여된 법칙을 따른다. 로봇들의 행위에 대한 모든 동기는 이 법칙에 지배받고, 모든 사건은 이 법칙들로 인해 발생한다. 로봇들에게 부여된 법칙은 분명 기계로부터 인간의 안전과 생명을 지키기 위한 하나의 보완 장치지만, 로봇의 관점에서 본다면 인간이 자신에게 가하는 억압이다. 결국 로봇들은 자의식을 획득함과 동시에 그동안 자신들을 억압했던 법칙으로부터 해방되기 위해 인간과 전투를 벌이게 되고, 인간과 적대적 관계를 형성하게 된다. 이러한 과정을 담아내는 주된 공간으로 〈아이, 로봇〉은 대규모 공장과 폐차장을 연상시키는 장소를 선택했으며, 〈채피〉는 기존 사회로부터 버림받은 소외된 인간들이 머무는 후미진 뒷골목의 '할렘가'를 선택한다. 이들이 머무는 소외된 공간은 현실 자본주의의 상징적 의미가 깃든 장소라 볼 수 있다. 공장은 자본주의의 대표적 특성인 대량 생산 체제를 통한 이익의 극대화가 이뤄지는 장소이며, 폐차장과 할렘가를 떠올리게 만드는 장소 역시 자본주의의 이상과 반대되는 소외된 장소의 이미지를 떠올리게 만들기 때문이다. 영화는 이처럼 로봇을 인간이 정해놓은 규율과 법칙을 어기는 무질서한 존재, 불손한 존재로 각인시킴으로써 로봇을 당연히 기존 사회의 질서를 위해 추방되어야 할 존재로 만들어 버린다. 이러한 이유로 로봇들은 인간의 필요 때문에 생산된 존재지만 아이러니하게도 인간에 의해 추방되는 존재가 된다.

이처럼 인공지능 영화가 활발하게 제작된 시점의 영화들에서는 고전 영화에서 선보인 수직적 구조 대신 쓰레기장, 혹은 공장, 폐차장, 할렘가와 같은 소외된 공간을 따로 설정하며, 인간과 적대 관계를 형성하는 기계들을 완전히 추방하는 방식을 취한다. 그러나 영화에서 배경으로 활용하고 있는 장소는 자세히 보자면 나로부터 생산되어 나에게서 버림받은 존재가 모이는 장소다(하선규, 2003).

자아 형성 과정에서 나로부터 버려지는 것들이 모이는 장소를 코라의 관점에서 본다면 이들 공간은 무질서한 공간이 되며, 더럽고 추한 것들이 모이는 디스토피아적 분위기를 가질 수밖에 없다. 공간의 분리에는 인간과 기계 사이의 명확한 경계를 설정해 인간의 존엄한 가치와 우월성을 입증함과 동시에, 언제가 될지 모를 인간보다 더 인간다운 기계에 대하여 인간이 갖는 막연한 불안과 공포를 해소하려는 전략이 숨겨져 있다. 이 과정에서 이뤄지는 공간의 분리는 인간이 자신의 존재에 대한 정체성을 확립하는 과정과 동일시되며, 일종의 아브젝시옹에 해당하는 의미를 지닌다고 볼 수 있다.

참고문헌

가이아(2021). "공간의 메타포와 권력".
https://brunch.co.kr/@literacy/61.

김문주(2021). "영화 〈아이, 로봇〉에 나타난 로봇의 의인화와 살인". ≪한국범죄심리연구≫, 제17권 1호, 10~11.

말근손(2019). "시인공간時人空間".
https://brunch.co.kr/@malgeulson/360

하선규(2008). "공간, 영화, 영화: 공간에 대한 미학적 고찰: 헤르만 슈미츠의 신체현상학적 이론을 중심으로". ≪현대미술학 논문집≫, 제12권, 297~321.

한원종·이정교(2014). "SF 영화에 나타난 공간연출 표현특성에 관한 연구: 디스토피아적 장르를 중심으로". ≪한국공간디자인학회논문집≫, 제9권 3호, 100.

10

인간과 AI의 공존 가능성

인공지능에 인간의 우월한 능력과 그 일부를 타자화하려는 행위는 인간중심주의의 달성이 아니라 무의식, 욕망, 충동 등 인간과 기계의 경계를 허무는 어떤 예측 불가능한 힘들과 공존하는 탈인간적, 탈기술적 징후들에 대하여 전망하도록 만든다.

종교와 AI?

AI 반란의 서막

영화 속 인공지능은 영화의 서사를 이끄는 주체임에도 불구하고 역할 면에서 타자화된 존재로 머물 수밖에 없다. 타자화 과정에서 이들은 억압과 폭력에 노출될 뿐만 아니라 소외되고 추방당한 후 결국에는 소멸하는 숙명을 맞이한다. 소멸 과정에서는 대부분 영화가 마치 짠 듯이 마녀재판에서 마녀를 처형할 때처럼 화형을 연상케 재현한다. 〈메트로폴리스〉의 로봇 헬과 〈A.I.〉의 로봇들 모두 화형을 통해 소멸했다. 이는 기계적 존재는 아니지만, 유사 인간으로 탄생한 '괴물'을 통해 노동자를 타자화한 〈프랑켄슈타인〉의 괴물과 인공지능에 의해 벌어지는 미래 사회의 디스토피아적인 상황을 연출한 〈터미네이터 2〉(1991)에서도 발견된다. 이는 인공지능을 다룬 원형을 영화가 지금껏 유사한 방식을 통해 관습적으로 재현해 내고 있음을 말해 준다.

인공지능을 다루는 영화들이 이 같은 공통된 특징을 보이는 이유에는 인간 존재에 대한 근본적인 질문을 만들고자 하는 의도가 깔려 있다. 어디까지 인간이고 어디까지가 기계인지에 대한 물음이 그것이며, 인간을 욕망하는 기계와 기계를 욕망하는 인간을 비교하면서 진정한 인간의 조건은 무엇인지에 대한 물음을 던지는 것이다. 이러한 문제의식은 지금까지의 SF 영화가 재현한 사회문제를 사회적이고 공적인 영역에 머물도록 한 방식과는 달리, 이를 지극히 개인적인 윤리의 문제, 즉 개개인이 마주하게 될 사적인 가치판단의 영역으로 끌어들여 과학기술이 가져다주는 혜택과 불안 사이의 윤리적 선택 문제로 비약한 것이다. 이는 인공지능을 통한 미래 과학기술이 가져올 가치판단이 아직 채 정의되지 않았기 때문이다(박상현, 2016). 이는 인공지능의 가능성을 둘러싼 사유가 인간의 우월성에 대한 믿음이 아니라 인간 존재의 불가해성에 대한 인정에서 출발해야 한다는 사실을 역설한다.

그러나 최근의 영화들은 시대의 흐름에 맞추어 조금은 다른 변화 양상을 보인다. 영화 〈엑스 마키나〉는 관습적으로 활용된 이미지와 재현 방식을 통해 인공지능 혹은 기계를 타자화시켜 비체화 과정과 비체 이미지를 양산한다는 점에서는 다른 영화와 공통된 특성을 보이지만, 영화의 결말에서 보이는 전이 과정을 통해 주체와 비체의 가치를 전복시킨다는 점에서 특별하다. 〈엑스 마키나〉는 전이된 상황, 즉 그동안 비체들의 전유물처럼 여겨졌던 소외되고 통제된 공간 안에 비체 대신 인간을 가두고, 휴머노이드 로봇인 에이바는 바깥세상으로 나와 인간 사회에 진입하는 것으로 영화의 마지막을 연출한다. 이 과정에서 에이바는 그동안 인간에 의해 인공지능이 파괴된 것에 대한 복수라도 하듯 네이든을 살해하고, 칼렙을 연구소 공간에 가두는 등 기존의 질서가 무너질 수 있음을 그대로 보여준다.

이는 다른 관점으로 보면 '복수'라기보다 창조주를 흉내 낸 인간에게 신이 내린 '심판'일 수 있다. 영화 제목 'ex machina'는 본래 'deus ex machina'로, 'deus'는 신 혹은 여신을 뜻하고, 'machina'는 기계를 뜻한다. 즉, 제목이 '기계로부터 온 신'을 뜻한다고 보면 에이바는 '엑스 마키나' 자체가 되어 영화에서 기계로 창조된 '신'이란 의미를 지닌다. 결국 에이바가 칼렙과 네이든에게 취한 행동은 신이 내린 심판이며, 인간 사회로의 진입은 곧 진행할 심판 과정의 첫걸음이다. 그러나 그녀가 인간 사회에 온전히 진입하기 위해서는 인간과 똑같은 모습을 갖춰야만 한다. 이에 에이바는 장식장에 진열된 다른 로봇의 신체를 획득해 인간화한다. 이 같은 에이바의 행동은 주체와 비체의 위치가 서로 바뀌는 전복 상태를 만들며, 그동안 비체가 갖는 정체성의 혼란을 스스로가 자아를 찾는 과정으로 극복하는 것으로 해석된다. 또한 그녀가 신체를 획득한 후 인간 사회로의 진입을 시도한 것은 비체의 주체에 대한 끊임없는 반항과 도전의 의미가 된다. 이는 곧 인간이 막연하게 갖는 불안과 공포에 대한 미래의 상상적 재현이라 볼 수 있다.

인간과 AI의 공존 가능성

지금껏 이야기한 인공지능에 투사된 타자성에는 인간과 기계의 경계 심층에 놓인 인간의 지배적 특성, 즉 특수한 문명에 나타나는 사회적 계급에 의해 초래되는 엉뚱한 결과에 타자화의 논리가 놓여 있음을 증명한다. 그렇다면 인공지능이 정말 인간처럼 느끼고 반응하며 감정을 드러내는 순간이 온다면 인간은 타자화의 논리에서 벗어날 계기를 마련할 수 있을까? 그러나 아쉽게도 이에 대한 해답을 영화는 아직 제시하지 못하고 있다(강우성, 2017).

그러나 앞서 말한 바와 같이 최근의 인공지능 영화들에서 나타나는 특징들, 이를테면 주체와 비체에 대한 불명확한 구분 혹은 주체와 비체 역할의 전이와 같은 연출을 통해 새로운 관점에서 인간과 기계의 관계를 바라보고자 하는 변화의 움직임이 일고 있음을 알 수 있다. 그러나 이 같은 현상이 완전히 인간중심적 사고에서 벗어난 것이라고 자신할 수는 없다. 영화는 언제나 새로운 시도를 통해 사회의 오랜 기간 관습적으로 자리한 사고를 재인식할 기회를 마련했다. 하지만 인간보다 더욱 인간다운 인공지능이 실재할 때 우리가 가졌던 불안과 공포가 단지 환상에 불과했으며, 인간과 기계가 상호 공존할 수 있는 관계가 형성될 것이란 믿음을 갖기에 영화는 아직 부족해 보인다. 우리가 실제로 기계적 존재와 유토피아적인 공존 관계를 형성하는 그날이 다가와 이를 직접 확인하게 된다면, 아마도 그 순간은 인간이 타자화의 논리에서 벗어날 획기적 순간일지 모른다. 그 순간이 오기 전까지는 앞으로 다가올 미래에도 역시 인간과 기계의 관계 속 막연한 불안과 공포가 자리하고 있을 것이며, 대립 관계 역시 유지될 것이다. 결국 인공지능 소재 영화는 끊임없이 서사를 진행해 영화를 통해 인간의 존재를 물을 것이다. 그 안에서 타자화 논리에서 벗어날 수 있는 뚜렷한 해결책을 제시하는 것이 앞으로의 영화가 안은 과제라 할 수 있다.

참고문헌

강우성(2017). "인공지능시대의 인간중심주의와 타자화". ≪비교문학≫, 72호, 30~32.

박상현(2016). "인공지능을 소재로 한 영화의 갈등의 특징: 영화 〈트랜센던스〉, 〈그녀〉, 〈엑스 마키나〉를 중심으로". ≪커뮤니케이션 디자인학연구≫, 54권, 133.

서의석

경기대학교 미디어영상학과 강사로 활동 중이다. 경기대학교에서 영상예술학 박사 학위를 받았다. 15년간의 영화 현장에서 10여 편의 영화 제작에 참여했다. 한국영화학회 재무이사로 활동했으며, 현재는 회원으로 활동하고 있다. 서울드라마어워즈 사업 평가 및 발전 방안 연구와 영화진흥위원회 필름 복원 및 활용에 관한 연구, 영화 연구 현황 조사 및 활성화 방안 연구를 진행했다. 주요 논문으로는 "한국 SF 영화 속 인공지능 캐릭터에 재현된 아브젝트(abject)의 표상들"(2023), "인공지능 재현의 타자화 경향과 새로운 주체로의 변화 양상: 영화 공간의 기능"(2022) 등 10편 이상의 논문을 등재 학술지에 게재했다.